rowohlts monographien
begründet von Kurt Kusenberg
herausgegeben
von Uwe Naumann

Vergil

**mit Selbstzeugnissen
und Bilddokumenten
dargestellt von
Marion Giebel**

Rowohlt

Dieser Band wurde eigens für «rowohlts monographien» geschrieben
Den Anhang besorgte die Autorin
Herausgeber: Wolfgang Müller
Mitarbeit: Uwe Naumann
Assistenz: Erika Ahlers
Umschlaggestaltung: Werner Rebhuhn
Vorderseite: Vergil, Kopf um 20 v. Chr. (?). Ny Carlsberg Glyptothek Kopenhagen
Rückseite: Blick vom sogenannten Garten des Vergil auf den Golf von Neapel
Foto: Angelika Mugler

Veröffentlicht im Rowohlt Taschenbuch Verlag,
Reinbek bei Hamburg, Mai 1986
Copyright © 1986 by Rowohlt Taschenbuch Verlag GmbH,
Reinbek bei Hamburg
Alle Rechte an dieser Ausgabe vorbehalten
Satz Times (Linotronic 202)
Gesamtherstellung CPI – Clausen & Bosse, Leck
Printed in Germany
ISBN 978 3 499 50353 5

6. Auflage April 2011

Inhalt

Mosaik aus Hadrumetum:
Vergil mit den Musen Kalliope (Epische Dichtung)
und Melpomene (Tragödie), 3. Jh. n. Chr., Museum von Tunis
(Auf der Buchrolle: Aen. 18)

Kindheit in Mantua

Nach der Zerstörung Trojas, so erzählt Vergil, irrt der Trojanerheld Aeneas mit seinen Gefährten heimatlos über die Meere. Ein Seesturm wirft ihn schiffbrüchig an eine fremde Küste. Mit einem Begleiter erkundet Aeneas das Landesinnere und kommt zu einer Stadt. An einem Tempel erblickt er ein Relief: Der Kampf um Troja ist hier dargestellt, die schreckensvollen Szenen, die dem Untergang der Stadt vorausgingen. Achill schleift Hektors Leichnam um die Mauern, König Priamos streckt flehend die Hände aus, und er selbst, Aeneas, kämpft mit den Führern der Griechen. Aeneas steht wie gebannt und sagt zu seinem Gefährten: *«Hab' keine Furcht, sieh doch: Auch hier gibt es Tränen für Leiden, das Herz läßt sich rühren von menschlichem Leid – Sunt lacrimae rerum et mentem mortalia tangunt»* (Aen. I 462).

Der Philosoph Platon hatte einst als Schiffbrüchiger an einer fremden Küste im Sand geometrische Zeichnungen erblickt und daraus geschlossen, es müßten menschliche, das heißt humane Wesen in der Nähe sein. Für Vergils *Aeneas* zeigt sich die Menschlichkeit der fremden Bewohner in ihrem Mitgefühl, in dem sie gerade die Geschlagenen und Besiegten darstellen. Während er die Tempelbilder betrachtet, erkennt er sein eigenes Schicksal, sein Kämpfen und Leiden, als allgemeines Menschenlos. Durch die Mit-Menschlichkeit der unbekannten Einwohner fühlt sich Aeneas, der heimatlose Schiffbrüchige, getröstet. Zum erstenmal faßt er wieder Hoffnung und vermag an eine Zukunft zu glauben.

Wie Aeneas, so erblickt auch der Leser in Vergils Werk Bilder der Hoffnung, die der Dichter in einer kriegsmüden, friedenssehnsüchtigen Zeit entworfen hat: das neugeborene Kind des goldenen Zeitalters, die Mutter Erde, den Mann, der mit den Seinen eine neue Heimat sucht. Liebend und mitleidend, aber auch mahnend und hoffend geht Vergil selbst einen langen Weg, von den Hirtengedichten der Bürgerkriegsepoche bis zum römischen Nationalepos der Kaiserzeit.

Ein schlichter Grabspruch, den Vergil selbst verfaßt haben soll, faßt Leben und Werk des Dichters in knapper Form zusammen:

Mantua gab mir das Leben, Calabrien raubt' es, Neapel birgt mich. Weiden besang, Felder und Helden mein Lied.

---

* Die hochgestellten Ziffern verweisen auf die Anmerkungen S. 132 f.

Sitzstatue des Vergil als Rechtsgelehrter und Patron der Stadtrepublik Mantua. 1227, am Palazzo Broletta

Mantua in Oberitalien war seine Heimat, in Brundisium (damals Kalabrien) starb er am Fieber und wurde auf seinen Wunsch in Neapel, seinem langjährigen Wohnort, beigesetzt. Sein Schaffen umfaßte die Hirtengedichte (*Bucolica* oder *Eklogen*), das Lehrgedicht *Georgica* (Vom Landbau) und das Epos *Aeneis*.

Am 15. Oktober 70 v. Chr., unter dem Konsulat des Crassus und Pompeius, ist Publius Vergilius Maro in Andes bei Mantua geboren. Seine Heimat gehörte damals zur Provinz Gallia cisalpina, dem diesseitigen Gallien (Oberitalien). Wie uns die Viten, die antiken Lebensbeschreibungen, übereinstimmend mitteilen, waren Vergils Eltern einfache Leute. Der Vater Vergilius arbeitete neben der Landwirtschaft noch als Töpfer. Er vergrößerte seinen Besitz durch Ankauf von Wäldern und durch Bienenzucht. Die Mutter Magia Polla soll vor Vergils Geburt geträumt haben, sie hätte ein Lorbeerreis zur Welt gebracht, das alsbald zu einem hohen Baum heranwuchs, der mit Blüten und Früchten überreich bedeckt war. Am nächsten Tag war die Mutter über Land unterwegs; sie gebar ihren Sohn, und die Erde selbst diente ihm zur Wiege. Das Kind wimmerte nicht, sondern zeigte ein freundliches Gesicht. Man sah sogleich, es war unter einem guten Stern geboren. Wie es in jener Gegend üblich war, pflanzten die Eltern sogleich nach der Geburt ein Pappelreis. Es wuchs binnen kurzer Zeit zu einem hohen Baum heran, den man arbor Vergiliana, Baum des Vergil, nannte. Diese Geburtsgeschichten besagen, daß hier ein Mensch geboren wurde, der von den göttlichen Mächten auserwählt und zu Großem berufen war. Die Sitte, bei der Geburt eines Kindes einen Baum zu pflanzen, ist heute noch verbreitet, und es bedeutet Glück, wenn ein solcher Lebensbaum hoch aufschießt. Von diesem Baumreis (lat. virga) leitet sich die Namensform Virgilius ab. Sie erscheint zuerst um 400 n. Chr. Das war die Zeit, als Aelius Donatus, der Lehrer des heiligen Hieronymus, seinen Vergil-Kommentar herausgab. Er fügte diesem eine Lebensbeschreibung des Dichters hinzu, die auch die Geburtsgeschichten enthält. Dieser sog. Donatvita verdanken wir die glaubwürdigsten Angaben über das Leben des Dichters. Sie geht auf den antiken Schriftsteller Sueton zurück und wird daher auch Suetonvita genannt. Sueton (75–160 n. Chr.), bekannt als Verfasser der Kaiserbiographien, hatte ein heute verlorenes Werk über berühmte Männer verfaßt, das auch ein Kapitel über die Dichter enthielt. Als kaiserlicher Archivar

Die Accademia Virgiliana in Mantua, Vergil-Bibliothek und Forschungszentrum

und Hofschreiber hatte Sueton Zugang zu den staatlichen Archiven; er konnte wichtige Dokumente einsehen, die er in seine Schriften eingearbeitet hat. Außer Sueton sind an wichtigen Quellen noch zu nennen: das sog. Buch der Freunde (dessen Existenz nicht unumstritten ist), eine Schrift der Vergilherausgeber Q. Varius und P. Tucca mit dem mutmaßlichen Titel «Über Geist und Charakter Vergils» («De P. Vergilii ingenio moribusque») sowie die Abhandlung des Grammatikers Q. Asconius Pedianus (ca. 3–88 n. Chr.): «Gegen die Kritiker des Vergil» («Contra obtrectatores Vergilii»). Alle diese Schriften sind verloren. Einzelne Zitate und Erwähnungen bei späteren Autoren erlauben einige Rückschlüsse auf den Inhalt. In spätere Zeit führen die Viten des Servius (um 370 n. Chr.) und des Probus (wohl 5. Jh.). Die übrigen uns erhaltenen Viten und Nachrichten stammen aus dem Mittelalter und sind in erster Linie als Quellen für Vergils Nachleben und seine Wirkungsgeschichte von Bedeutung.[2]

Man sollte annehmen, daß es über einen Dichter, der schon zu Lebzeiten als Klassiker galt und Schulautor war, eine reiche Fülle von Lebensdaten gibt, die sich zu einer lückenlosen Biographie zusammenstellen lassen. Die Ausbeute an noch erhaltenen Zeugnissen ist für unser Interesse am Biographischen jedoch eher mager zu nennen. Von einer sehr kritischen Position aus läßt sich sogar sagen: «Von Vergils Leben wissen wir so gut wie gar nichts!»[3] Die vorhandenen Viten waren als Einführung in die Lektüre gedacht und sind daher ähnlich knapp wie unsere Einleitungen von Schultexten. Servius gibt als Zweck einer solchen Einführung am Anfang seiner Vita an: «Bei der Erklärung der Autoren ist folgendes zu betrachten: das Leben des Dichters, der Titel des Werkes, die Beschaffenheit des Gedichtes, die Absicht des Schreibenden, die Zahl und Reihenfolge der Bücher, die sachliche Erläuterung.» Folglich sind die Viten keine ausführlichen Lebensläufe, wie wir sie von Sueton und Plutarch kennen, sondern nur knappe Abrisse mit den wichtigsten Daten für Leben und Werk sowie Einzelinformationen. Von diesen stellen manche eine wertvolle Überlieferung dar, anderes wieder scheint aus dem Werk selbst herausgesponnen. Dazwischen gibt es viele «weiße Flecken» im Leben des Dichters, der es Lesern, die an seiner Biographie interessiert sind, nicht leichtgemacht hat. Anders als Cicero, der uns durch seine Reden und Briefe greifbar und lebendig wird, lebte Vergil in bewegten Zeiten jahrzehntelang in völliger Zurückgezogenheit und erhob seine Stimme nur in seinem dichterischen Werk.

Vergils ländliche Herkunft und seine Verwurzelung in der oberitalischen Landschaft der Poebene ist uns übereinstimmend bezeugt. Vergil erwähnt selbst mehrmals voller Stolz seine Heimatstadt Mantua. Sie war damals eine ländliche Kleinstadt, aber ehrwürdig durch ihr Alter und ihren mythischen Ursprung. *Das ahnenreiche Mantua* heißt die Stadt bei Vergil. Etrusker sowie umbrische und oskische Volksstämme hatten sich hier angesiedelt, und als Gründerin nennt Vergil *die schicksalskundige Manto,* die Tochter des aus der «Odyssee» bekannten Sehers Teiresias. Wenn auch die Stadt Mantua ihren Charakter inzwischen verändert hat, so ist doch in Pietole, dem antiken Andes, noch die ländliche Stimmung zu spüren: *nahe am Wasser, wo breit der Mincio träumend in trägen Windungen schleicht, mit schwankendem Schilf umwebend die Ufer*[4].

In dieser friedlich-heiteren, fruchtbaren Landschaft hat Vergil seine frühen Jahre verbracht und seine prägenden Eindrücke gewonnen. In Mantua besuchte er den Elementarunterricht. Dann ging er ins benachbarte Cremona auf die höhere Schule. Mit einer solchen Ausbildung konnte er studieren und erhielt Zugang zum cursus honorum, zur römischen Ämterlaufbahn. Vermutlich hatte sein Vater, von dessen Fleiß und Strebsamkeit wir hörten, Gemeindeämter bekleidet und war zur Ortsaristokratie von Mantua aufgestiegen. Jetzt sollte es einer seiner Söhne noch weiter bringen als er. Daß es gerade Vergil war und nicht einer seiner Brüder, lag wohl nicht nur an seiner Begabung. Die Viten berichten, Vergil sei groß und stattlich gewesen, habe eine dunkle Hautfarbe und ein bäuerliches Aussehen gehabt, seine Gesundheit aber sei recht labil gewesen. Er litt oft an Magenschmerzen, Halsbeschwerden und Kopfweh, ja er hustete sogar Blut. Der Verdacht auf Tuberkulose liegt nahe. Statt der

Vergil vom Monnusmosaik aus Trier, 3./4. Jh. Trier, Landesmuseum

«Über die Wiege Virgils kam mir ein laulicher Wind: Da gesellten die Musen sich gleich zum Freunde» (Goethe: «Venezianische Epigramme»). In Pietole bei Mantua, im Vordergrund (eingezäunt) der Stein, auf dem Vergil gesessen haben soll

harten Arbeit in einem bäuerlichen Betrieb war also ein studierter Beruf für ihn besser geeignet. Der Vater hatte, wie wir aus einem Jugendgedicht Vergils entnehmen[5], einen Wohnsitz in Cremona, sei es eine Erbschaft oder ein neugepachtetes Anwesen. Von Horaz wissen wir, daß sein Vater, ein Freigelassener aus Venusia in Apulien, sein kleines Gütchen dort verpachtete, um mit seinem Sohn nach Rom zu ziehen und dort dessen Ausbildung zu leiten.[6] Voller Dankbarkeit hat Horaz der aufopfernden Treue seines Vaters gedacht. Liebevolle, dankbare Gesinnung spricht auch aus dem genannten Jugendgedicht. Wir können annehmen, daß auch Vergils Vater sein Anwesen in Mantua verpachtete und mit dem Sohn nach Cremona zog.

Als Vergil in den Jahren 59 bis 55 die höhere Schule besuchte, standen die griechischen Klassiker im Zentrum des Unterrichts. Rom war zwar die Herrin der Welt, aber kulturell galten immer noch die Griechen als führend. Horaz sagte:

Graecia capta ferum victorem cepit et artes
intulit agresti Latio

Das eroberte Griechenland bezwang seinerseits den barbarischen Sieger und führte seine Kultur im bäuerischen Italien ein.[7]

Mit großem Lerneifer und wahrer Begeisterung studierten die Römer Literatur, Philosophie und Kunst der Griechen. In der Schule lernte man nicht nur Griechisch, es wurde sogar auf griechisch gelehrt. Da es noch keine eigene Nationalliteratur gab, lernte man an den griechischen Klassikern, vor allem an Homer, Grammatik, Stilistik und Versmaß. An Hand von Literaturstellen befaßte man sich auch mit den Themen, die heute im Fachunterricht, in den Naturwissenschaften, Geschichte, Geographie

Ennius vom Monnusmosaik aus Trier, 3./4. Jh. Trier, Landesmuseum

oder Religion behandelt werden. Auch hierfür war Homer ein einzigartiges Kompendium des Wissens.

Den ersten Versuch eines eigenständigen Umgangs mit dem «Bildungsgut» Homer hatte Livius Andronicus unternommen (ca. 285–204). Er war ein gebürtiger Grieche aus Tarent, der in Rom eine Schule eröffnet hatte. Er übersetzte Homers «Odyssee» in lateinische Verse (Saturnier), um diese Übersetzung als Lehrbuch zu benutzen. Livius Andronicus übersetzte auch griechische Tragödien und Komödien und führte sie auf. Er hat dem römischen Schulwesen wie der lateinischen Literatur den Weg eröffnet und dieser zugleich die Bahn gewiesen: Nachahmung (imitatio) und schöpferischer Wetteifer (aemulatio) bestimmten sie fortan.

In der Tradition des homerischen Epos entstanden die ersten lateinischen Epen, die Werke des Cn. Naevius und Q. Ennius. Naevius behandelte in seinem «Bellum Poenicum» den Ersten Punischen Krieg (264–241), an dem er selbst teilgenommen hatte. Aus den erhaltenen Fragmenten läßt sich erkennen, daß auch die Aeneassage darin eine Rolle spielte. Die Verbindung des Mythos mit geschichtlicher Vergangenheit und Gegenwart sollte für das römische Epos bestimmend bleiben. «Annales» nannte Ennius (239–169) sein Epos. Als Annalen bezeichnete man die Jahreschroniken, in die von den obersten Beamten in Rom wichtige Ereignisse eingetragen wurden. Das Werk des Ennius ist eine Verschronik von achtzehn Büchern, in denen die Geschichte Roms bis zur Gegenwart durch die Taten seiner großen Männer lebendig wird.

Moribus antiquis res stat Romana virisque
Auf seine alten Sitten, seine Männer stützt sich das Römertum.[8]

Ennius ist sich bewußt, ein neues, epochemachendes Werk geschaffen zu haben. Er fühlt sich als römischer Homer und ist sich des Ruhmes der Nachwelt sicher. So verfaßte er sich folgenden Grabspruch:

Niemand weine Tränen um mich und folge mir klagend.
Bin ich denn tot? Mein Lied fliegt noch lebendig von Mund zu Mund.

Daß wir von ihm wie auch von Naevius nicht mehr als einige Fragmente und Zitate besitzen, ist jenem Schüler zuzuschreiben, der die Werke der beiden Dichter in Cremona studierte. Vergil fand hier die Aeneassage dichterisch mit Roms Geschichte verknüpft, er fand römischen Heldenruhm im homerischen Hexameter, und er erlebte ein ausgeprägtes poetisches Selbstbewußtsein bei einem Römer. Er schöpfte später aus der Quelle, die ihm die beiden römischen Dichter erschlossen hatten, und ließ sie als Vorläufer zurück. *Neue Wege will ich begehen und als Sieger im Munde der Menschen leben* – so wird er einst stolz den alten Ennius anklingen lassen.[9]

Das Zeitalter des Bürgerkriegs

Nach dem Schulabschluß kehrte Vergil heim nach Mantua. Hier fand im Kreise der Familie die feierliche Volljährigkeitserklärung statt, durch die der römische Schulabgänger in die Welt der Erwachsenen eingeführt wurde. In einer Familienfeier erhielt Vergil die toga virilis, das reinweiße Gewand der Erwachsenen, das er nun statt der purpurverbrämten Knabentoga, der toga praetexta, tragen durfte. Er legte die bulla ab, ein Amulett, das er bisher getragen hatte, und weihte es den Laren, den Hausgöttern. Dann wurde er von der Familie aufs Forum geleitet, wo er und seine Altersgenossen feierlich in die Bürgerlisten eingetragen wurden. Nun war der junge Mann ein rechtmäßiges Mitglied der Stadtgemeinde, wehr- und geschäftsfähig.

Als Vergils Ehrentag geben die Viten den 15. Oktober 55 an[10], das Jahr unter dem Konsulat des Pompeius und Crassus. Die gleichen Männer waren auch Konsuln gewesen, als Vergil geboren wurde. Diese eigentümliche Konstellation lenkt den Blick auf die Zeitumstände in Vergils Jugend. Pompeius und Crassus – man denkt sogleich an den Dritten im Bunde, an Julius Caesar. Er hatte sich im Jahre 60 mit Pompeius, dem siegreichen General, und Crassus, dem einflußreichen Finanzmann, zu einem Dreierkollegium, einem Triumvirat, zusammengeschlossen. Ihr Ziel war es, gemeinsam nach und nach sämtliche Schlüsselpositionen im Staat zu besetzen. Man übernahm die wichtigsten Ämter und die Verwaltung der bedeutendsten Provinzen. 59 stieg Caesar, der Jüngste der drei Männer, zum Konsulat auf. Für sein Prokonsulat, die anschließende Zeit als Provinzgouverneur, sicherte er sich Gallien, und zwar auf fünf Jahre. Von dem bereits römischen Teil Galliens (Oberitalien) aus eroberte er seit 58 das übrige gallische Gebiet und verfaßte seine Kriegsberichte, die «Commentarii de bello Gallico».

56 hielten die drei Politiker die Konferenz von Lucca ab, auf der sie ihre unheilige Allianz bestätigten und ihr Bündnis verlängerten. Pompeius und Crassus sicherten sich in ihrem zweiten Konsulat im Jahre 55 bereits die Anwartschaft auf die wichtigsten Provinzen samt den dort stationierten Legionen. Caesar erhielt Gallien auf weitere fünf Jahre. In dieser Zeit brachte er die Eroberung Galliens zum Abschluß. Die drei Bündnispartner besaßen nun so viel Macht und Einfluß, daß ohne ihren Willen keine Entscheidung mehr im Staatswesen getroffen werden konnte.

Noch war Rom nominell eine Republik, aber die res publica war nicht mehr die res populi, die Sache des ganzen Volkes. Seit Rom vom Stadtstaat zur Mittelmeergroßmacht geworden war, war es in eine tiefgreifende Krise geraten.[11] Es war schwierig, mit den republikanischen Institutionen ein Weltreich zu verwalten. Durch die Güterzufuhr aus den eroberten Ländern kam es zu einem wirtschaftlichen und sozialen Strukturwandel. Reformversuche scheiterten, da auch ein Wertewandel eingesetzt hatte. Auf jenen Satz des alten Ennius von den Vätersitten, auf denen Roms Größe beruhte, wollte sich niemand mehr verpflichten lassen. Am wenigsten die Feldherrn, die nach dem Sieg über hellenistische Königreiche oder eine Weltmacht wie Karthago ruhm- und beutebeladen nach Rom zurückkehrten. Sollten sie nun wieder als schlichte Privatleute auf ihren Acker zurückkehren und ihren Kohl anbauen, wie einst der wackere Altrömer Curius? Die Versuchung war zu groß, die Macht zu behalten und sich zum Herrn Roms aufzuschwingen. Das Heer bestand inzwischen großenteils aus Berufssoldaten, die auf ihren Feldherrn eingeschworen waren und von ihm, und nicht mehr von den Staatsorganen, die Befriedigung ihrer Ansprüche erwarteten. Lucius Sulla war der erste, der auf Rom marschierte, um sich dort als Gewaltherrscher zu etablieren. Im Bürgerkrieg zwischen Sulla und seinem Rivalen Marius und der folgenden Diktatur des Sulla (82–79) begann der endgültige Niedergang der römischen Republik. Es fehlte nicht an Mahnern und Warnern, wie Sallust und Cicero, der jenen Satz des Ennius verzweiflungsvoll zitiert, aber sie blieben ungehört, denn mit dem Beispiel Sullas waren die Dämme gebrochen. «Sulla hat es gekonnt, und ich sollte es nicht können?» Dieser Ausspruch wurde zum gefährlichen Schlagwort für die Männer des Triumvirats.[12]

Das Zeitalter der Bürgerkriege hatte begonnen. Die Republik zeigte fortan das Bild eines durch Parteienkämpfe erschütterten Staatswesens, das durch den Kampf mächtiger Persönlichkeiten und ihrer Anhänger immer mehr ausgehöhlt und schließlich zerstört wurde. Für die Zeitge-

Sulla. Denar, ca. 55 v. Chr.

Julius Caesar,
um 20 v. Chr. Rom, Vatikan

nossen hieß dies: ein Leben im Wechsel zwischen Kriegszustand und äußerlich ruhigen Phasen.

Vergils Jugend in den Jahren zwischen 70 und 50 stand im Zeichen des Triumvirats. Er hat also die guten alten Zeiten der römischen res publica nie erlebt. Was hat er nun von den politischen Verhältnissen zu spüren bekommen? Seine Heimat war offiziell bis zum Jahr 42 noch römische Provinz: Gallia cisalpina, das diesseitige Gallien[13]. Man unterschied die Gebiete der Cis- und Transpadana, diesseits und jenseits des Po (von Rom aus gesehen). Die Bewohner der Cispadana besaßen seit dem Bundesgenossenkrieg (91–89) das volle römische Bürgerrecht. Die Einwohner der Transpadana, zu der das Gebiet um Mantua gehörte, hatten das latinische Recht, die Vorstufe zum Vollbürgerrecht. Wer in den Munizipien, den Landstädten, ein Gemeindeamt bekleidete, erhielt das volle Bürgerrecht. Das traf vermutlich für Vergils Vater zu. Sein Entschluß, dem Sohn das Studium und damit eine Karriere in Rom zu ermöglichen, zeigt, daß er sich durchaus als Römer fühlte.

Wie alle Provinzbewohner, die gerade erst zu Römern geworden waren, wird sich auch Vergils Familie die alten, anderswo längst verblaßten Ideale römischer Tradition mit Eifer und Stolz angeeignet haben. Wir werden annehmen können, daß Vergil noch gemäß dem Vers des Ennius im Geist der Vorvätersitten erzogen wurde. Während er zu Hause die

Landschaft am Po

Ideale der Vergangenheit erlebte, sah er draußen die Zeichen der Zukunft. Seit dem Jahr 58 war Julius Caesar der Patron der gallischen Provinzen. Er verlieh der Provinz Gallia cisalpina im Jahre 49 das römische Bürgerrecht. Oberitalien war für ihn Aufmarschbasis und Hauptquartier. Solange er in Gallien Krieg führte und an der Spitze eines Heeres stand, durfte er Rom nicht betreten. So war es Vorschrift, und Caesar war daran gelegen, nach seinem gallischen Kommando abermals Konsul zu werden. Er wollte aber trotz seiner Abwesenheit seine Vormachtstellung erhalten. Daher verbrachte er jedes Jahr die kriegsfreien Monate in einem Winterquartier in der Poebene. Von hier aus hatte er ein wachsames Auge auf die Politik in Rom und steuerte sie nach Kräften. Er verteilte großzügig Gelder aus der reichen gallischen Kriegsbeute, um seine Anhängerschar zu vergrößern. So herrschte ein reges Kommen und Gehen, und wer in Rom wie in der Provinz etwas auf sich hielt, beeilte sich, Caesar seine Aufwartung zu machen.[14] Dieser pflegte auch Kontakte zu den Provinzbewohnern. So war er oft beim Vater des Dichters Catull in Verona zu Gast.

Caesar und das Leben und Treiben in seinem Hauptquartier – das muß für den jungen Vergil wie für alle Einwohner der sonst so stillen Provinzgegend jedes Jahr wieder ein besonderes Erlebnis gewesen sein. Aus der Art, wie Vergil Caesar später in seinem Werk erwähnt, können wir uns vorstellen, welchen Eindruck Vergil damals von ihm bekam. Er sah ihn, seiner Jugend angemessen, durchaus unpolitisch, als eine große Persönlichkeit, die nicht in den engen Grenzen des Menschlichen zu fassen war und einen Hauch des Numinosen um sich verbreitete. In den *Georgica* schildert Vergil, wie sich vor Caesars Ermordung in der Natur unheilvolle Vorzeichen ereignen. Die Sonne verdüsterte sich, und Vergils Heimat, die Gegend, wo Caesar so oft geweilt hatte, wurde durch Unwetter verwüstet:

Wälder entwurzelte wirbelnd der Po, der König der Flüsse
Brausend mit rasendem Strudel, er riß das Vieh samt den Ställen
Fort über Felder und Fluren. (I 481 ff)

Redner oder Dichter

Zur Fortsetzung seiner Studien ging der junge Vergil in die aufstrebende Großstadt Mediolanum (Mailand). Er besuchte dort die Rhetorenschule. Die Form dieses Unterrichts entspricht einem College- oder Hochschulstudium. Die Ausbildung in der Rhetorik bereitete auf die Laufbahn eines Anwalts, Beamten und Politikers vor. Eine Karriere als Rechtsanwalt bot einem jungen Mann die Möglichkeit, die erste Sprosse in der römischen Ämterlaufbahn zu erklimmen und von dort aus weiter nach oben zu kommen. Er konnte Quästor, Ädil, Prätor und vielleicht sogar Konsul werden. Wer einer römischen Senatorenfamilie entstammte und daher auf einflußreiche Verwandte und Bekannte rechnen konnte, tat sich leichter als ein homo novus, ein «neuer Mann» wie Vergil, ein Aufsteiger ohne erlauchte Ahnen und Gönner. Wenn er Karriere machen wollte, würde er dem Beispiel Ciceros folgen müssen. Cicero war ein homo novus aus der Kleinstadt Arpinum (geb. 106 v. Chr.). Er gewann die Aufmerksamkeit der Römer als glänzender Redner und Anwalt in spektakulären Prozessen. Dankbare Klienten, deren Angehörige und alle, auf die Cicero mit seinem beherzten Auftreten vor Gericht Eindruck gemacht hatte, unterstützten ihn bei seinen Bewerbungen um die Staatsämter bis zum Konsulat. Diesen Weg würde auch Vergil gehen müssen, wenn er einmal die Senatorentoga tragen wollte.

Auf der Rhetorenschule wurde nicht nur die technische Seite der Redekunst gelehrt, sondern auch alles, was der künftige Redner als Anwalt und Politiker wissen mußte, also auch Jura und ein exemplarischer Abriß der römischen Geschichte und in begrenztem Umfang auch die artes, die freien Künste und Wissenschaften. Zu Vergils Zeit wurde der Redestil des Asianismus besonders gepflegt. Er war im Gegensatz zu der knappen, schlichten Argumentationsweise des Attizismus auf Brillanz und Weckung von Emotionen angelegt. Bei der Deklamation von affektgeladenen Themen («Hannibal vor den Toren – Was soll man tun?») lernte der Schüler das virtuose Spiel auf der Klaviatur der Affekte. Mag sich Vergil auch bald als Verächter der zeitgenössischen Rhetorik zeigen, so kann er sie doch nicht verleugnen. In seinen Werken, vor allem in der *Aeneis,* erweist er sich als Meister in der Schilderung von Gefühlen und ihrer Steigerung zu spannungsgeladenen Szenen.

In Mailand betrieb Vergil auch naturwissenschaftliche Studien, er hörte Mathematik, Astronomie und Astrologie sowie Medizin. Nach etwa zwei

Das Forum Romanum mit der Kurie

Jahren ging er zum Abschluß seiner Studien nach Rom. Nur in der Hauptstadt konnte der künftige Jurist sein tirocinium fori, sein Gerichtspraktikum, ableisten und dabei Verbindungen knüpfen. Bei einem erfahrenen Anwalt konnte sich der Student die nötige Praxis aneignen, bis er eines Tages seinen ersten eigenen Prozeß führte. «Vergil trat auch als Anwalt in einem Prozeß auf, allerdings nur einmal und nicht wieder. Er war nämlich äußerst stockend und langsam beim Reden und wirkte wie einer, der nicht bis drei zählen kann.» So berichtet ein Zeitgenosse.[15] Diese Nachricht scheint im Widerspruch zu stehen zu einer anderen, in der es heißt: «Vergil trug seine Werke mit Wohlklang und einschmeichelndem Zauber vor, so daß ein anderer Dichter sagte, er würde dem Vergil gerne manches entwenden, wenn er ihm nur zugleich auch seine Art des Vortrags, den Klang der Stimme, den Gesichtsausdruck und das Mienenspiel wegnehmen könnte.» Auf dem Mosaik von Hadrumetum (s. S. 6), das auf einen gut bezeugten Porträttyp zurückgeht, sehen wir ein etwas derbes Gesicht mit einer sensiblen Augenpartie. Der Dichter trägt gerade Verse aus der *Aeneis* vor. Seine Augen leuchten förmlich von innen her; er ist mit ganzer Seele bei seinem Vortrag. Der junge Vergil, der als Forumsredner versagt, der in der Öffentlichkeit ungelenk wirkt, und der Dichter, der in seinem Werk lebt und aufblüht, wenn er seine Verse vorträgt – einen solchen Typus des Künstlers hat es zu allen Zeiten gegeben. Vergil ist kein homo litteratus, der in der Öffentlichkeit glänzt («nicht mediengerecht», würde man heute sagen). Er wird Ciceros Weg nach oben nicht gehen können.

Allerdings stockte damals auch dem großen Meister der Beredsamkeit bisweilen die Zunge.[16] In Rom herrschten seit dem Jahr 53 höchst unruhige Zustände, die der Triumvir Pompeius ausnützte, um seine Macht zu festigen. Caesars Kommando in Gallien lief ab, und seit Crassus im Jahre 53 auf dem Partherfeldzug umgekommen war, schien ein Kampf um die Vorherrschaft zwischen den beiden verbliebenen Partnern unvermeidlich.

Es waren schlechte Zeiten für die Redekunst, wenig Chancen für den Aufstieg eines sensiblen jungen Mannes vom Land. Selbst Cicero zog sich resignierend vom Forum zurück und schrieb an seinen Freund Atticus: «Ich will alles beiseite legen, um mit ganzem Herzen und ganzer Seele zu philosophieren. Nun, da ich erkannt habe, wie nichtig das alles ist, was mir so glänzend erschien, will ich mit allen Musen Umgang pflegen.»[17] Cicero lebte in der Abgeschiedenheit seiner Villen am Golf von Neapel und widmete sich dort der Schriftstellerei. In seinen rhetorischen und phi-

Cicero,
um 60 v. Chr. Florenz,
Uffizien

Sogenannte Villa des Catull in Sirmione am Gardasee

losophischen Werken goß er griechisches Kultur- und Bildungsgut in römische Form und machte es in der Sprache und im Geiste Roms heimisch. Er schuf die Kultursynthese im Prosaschrifttum, die Vergil in der Poesie leisten sollte.

Abschied vom Forum und Rückzug aus der Öffentlichkeit – das war für den Konsular Cicero leichter als für den jungen Vergil, der erst am Anfang seiner Laufbahn stand. Welcher Laufbahn – das war allerdings die Frage. Der Traum von der römischen Ämterlaufbahn war ausgeträumt. In seinem erlernten Beruf war Vergil gescheitert. Wir finden ihn in den folgenden Jahren bei den Musen.

Er schließt sich in Rom dem Dichterkreis der Neoteriker, der «Neutöner», an. Eine Gruppe junger Dichter hatte sich dem Stilideal der hellenistischen Dichtung verschrieben, die nach ihrem Hauptort Alexandria die alexandrinische hieß. Ihr bekanntester Vertreter war Kallimachos gewesen (um 310–240), Vorsteher der Bibliothek von Alexandria. Er war der Typus des poeta doctus, des gelehrten Dichters, der nicht für die breite Masse, sondern für einen elitären Kreis schrieb, der seine dichterischen Feinheiten und die gelehrten Anspielungen seiner Poesie zu würdigen wußte. Traditionelle Formen wie das Heldenepos galten als altmodisch, modern war die kleine Form: das Epigramm und das Kurzepos. Statt heroischer Stoffe behandelte man abgelegene und eher unscheinbare Themen, diese aber in geistreicher und pointierter Form. Stilistisch ausgeformt, fein und zierlich hatten die Verse zu sein; sie sollten wirken wie ein funkelndes Schmuckstück.

Ein typisches Beispiel jener gelehrten und zugleich empfindsamen Poesie ist Kallimachos' Verserzählung von der Locke der Berenike. Sie war die Landesherrin des Dichters und hatte, so erzählte man, für die siegreiche Rückkehr ihres königlichen Gemahls aus dem Kriege den Göttern eine Haarlocke geweiht. In einem neuentdeckten Sternbild glaubte man nun, diese Locke zu erkennen. Kallimachos läßt die Locke in der Ichform berichten, wie sie von den Göttern zu Ehren der Königin Berenike als Sternbild an den Himmel versetzt wurde, aber immer noch mit Sehnsucht ihrer Herrin gedenkt. Wir kennen diese Geschichte aus einer Nachdichtung des Catull, des berühmtesten Dichters aus dem Kreis der römischen Neoteriker.

C. Valerius Catullus (84–55) stammte wie Vergil aus Oberitalien, aus Verona. Er ist uns heute vor allem bekannt durch seine Liebesgedichte an die schöne Lesbia, eine Dame mit zweifelhaftem Ruf (vgl. Carl Orffs «Catulli Carmina»). In diesen Gedichten einer großen Passion entfaltet Catull einen solchen Reichtum an leidenschaftlicher, bedingungsloser Hingabe, daß er als wahrhaft moderner Lyriker erscheint. In einem Distichon ein ganzes Menschenleben, hat man zu Recht über Catulls berühmten Zweizeiler gesagt [18]:

Odi et amo. Quare id faciam, fortasse requiris.
Nescio, sed fieri sentio et excrucior.

Hassen und Lieben zugleich. Du fragst wohl, warum ich's so treibe. Weiß nicht. Daß es geschieht, fühl' ich und sterbe daran.

Catull ist, um zu einer solchen Höhe lyrischen Erlebens und Empfindens aufzusteigen, durch die Schule der Alexandriner gegangen. Was uns als unmittelbarer Ausdruck des Gefühls ergreift, ist ein ausgefeiltes Meisterwerk, das der lateinischen Sprache erst abgerungen werden mußte. Die Übernahme des alexandrinischen Dichtungs- und Stilideals durch die Neoteriker hat sich befruchtend auf die noch junge lateinische Dichtersprache ausgewirkt. Man übernahm im Römischen freilich nicht nur die Töne des Gefühls und den Feinschliff der Verse, sondern auch die Brillanz des Ausdrucks. Die Sprache, bei Naevius und Ennius noch ernst und bedeutungsschwer, blitzte und funkelte nun in auserlesenem, aus dem Griechischen entlehnten Schmuck. Stilistische Eigenheiten (die uns heute das Übersetzen lateinischer Verse oft so mühsam machen) fanden damals Eingang in die Dichtung: seltene, prunkvolle Worte mit «exotischem Flair» (Tethys statt Meer), gekünstelte Ausdrücke, mit schmückenden Beiwörtern überladen, gesperrt über zwei Verse hinweg – an diesem gelehrten Rüstzeug erkannte man den poeta doctus. Aber man sprach nicht von der Mühe der stilistischen Ausfeilung. Nugae, Kleinigkeiten, nannte man seine Gedichte: l'art pour l'art.

Zu diesem modernen Dichterkreis, der «ersten Bohème» (B. Snell), gehörten neben Catull noch junge Männer wie Valerius Cato, Licinius Calvus, Helvius Cinna sowie Cornelius Gallus und Asinius Pollio, die beide Vergils Freunde wurden. Sie alle bildeten eine verschworene Gemeinschaft, nicht nur um ihres poetischen Ideals willen, sondern auch wegen ihrer politischen Anschauungen. Für sie galt Ciceros Dictum: «Me status hic rei publicae non delectat – Mir gefällt der gegenwärtige Zustand des Gemeinwesens überhaupt nicht.»[19] Die jungen Männer waren voller Energie und Tatendrang und sahen unter dem Triumvirat keine Chancen für ihre Zukunft. Alles war blockiert durch die drei Machthaber und ihre Günstlinge. So zogen sich die jungen Dichter aus der Öffentlichkeit zurück, freilich nicht in einen elfenbeinernen Turm. Sie gebrauchten ihre Verse als giftige Pfeile, mit denen sie die Machthaber trafen. Catull verfaßte bitterböse Schmähgedichte auf Caesar und die Günstlingswirtschaft der Triumvirn.[20]

Diesem Dichterkreis schließt sich der junge Vergil an, als er nach Rom kommt. Catull war bereits im Jahre 55 gestorben, sein Werk aber war noch in aller Munde. In einem seiner frühen Gedichte parodiert Vergil Verse seines Landsmannes Catull. Das Gedicht Vergils gehört zu einer Sammlung von zehn Gedichten, die den echt alexandrinischen Namen Kataleptón trägt: fein ausgearbeitete kleine Stücke.[21]

Bei Catull hieß es:

Das kleine Boot, das ihr hier seht, o Freunde, sagt,
Daß es das allerschnellste Schiff gewesen sei.

Vergil nimmt dies auf:

Hier der Sabinus, den ihr, Freunde, vor euch seht,
sagt, daß er einst der schnellste Maultiertreiber war.

Er verfaßt ein Spottgedicht auf einen von Caesars Günstlingen, der den beachtlichen Aufstieg vom Maultiertreiber (Fuhrunternehmer) zum Konsul genommen hat. Eine solche Karriere bot genügend Stoff zu boshaftem Witz. Was tut nun Vergil? Er benutzt zwar Catulls Verse zu einer Parodie, aber ohne ihr Gift und Galle Catulls beizumischen. Wo Catull in seinen Schmähgedichten vor derben Beschimpfungen nicht zurückschreckt (Caesar als Romulus, der Hurenbock[22]), da erzählt Vergil, wie sein «Held» früher als Maultiertreiber seinen Tieren fein säuberlich die Mähnen geschoren habe, damit sie sich nicht wundrieben im Joch. Und im Winter nahm er selbst die Fracht auf den Buckel und stapfte durch den Schlamm, um die Tiere zu entlasten. Solche Einzelzüge deuten voraus auf den späteren Vergil und seine vox humana: Er sieht menschliche Züge, wo andere in Bosheit geschwelgt hätten. Das Gedicht verliert damit freilich an Effekt. Vergil wird kein Nachfolger des frühvollendeten Catull – wieder befindet er sich auf einem Weg, den er nicht zu Ende gehen wird.

Dichter oder Philosoph

Vergil verläßt Rom – er läßt die Rhetorik hinter sich und auch die Dichtkunst. Der Weg der Selbstfindung hat ihn zur Philosophie geführt.

Ite hinc, inanes, ite rhetorum ampullae –
Von jetzt ab fort, ihr hohlen, fort, Rhetorenampullen,
Wortschwall und Schwulst, pathetisch dröhnend, ungriechisch! ...
Wir segeln fort jetzt nach des Seelenglückes Häfen,
Des großen Siro Wort und Weisheitsspruch suchend,
Und halten Sorgenlast vom Leben ganz fern uns.
Geht denn, ihr Musen, ja auch ihr, so geht wirklich,
Ihr holden Musen – denn gesteh' ich's nur ehrlich:
Ihr waret hold mir – und ihr sollt doch auch wieder
Nach meinen Blättern schauen, doch zuchtvoll und selten.[23]

Eine Lebenswahl: rigoroser Abschied vom Bombast der Redekunst und den Farbtöpfen der asianischen Beredsamkeit und, ein wenig zögernd und nicht ganz so endgültig, das Valet an die Dichtkunst. Was ist das für eine Philosophie, die alle Sorgen fernhält und den Menschen einen stillen Hafen des Seelenglücks verspricht? Vergil ist ein Jünger Epikurs geworden. Vermittelt wurde ihm die epikureische Lehre durch das Werk des Lukrez, das er in jenen Jahren in Rom las. T. Lucretius Carus war im Jahre 55 gestorben, am gleichen Tag, an dem Vergil die Männertoga anlegte, wie die Viten sagen, um auf die Verbindung beider Dichter hinzuweisen. 54 gab Cicero, ein eifriger Vermittler philosophischen Gedankenguts, das Werk des Lukrez aus dem Nachlaß heraus. «De rerum natura» (Von der Natur der Dinge) ist ein philosophisches Lehrgedicht in Hexametern. Diese literarische Form stammt aus Griechenland, und Lukrez sagt von der poetischen Einkleidung der spröden Materie, sie sei wie der Honig, mit dem man Kindern die Arznei versüße.[24] Lukrez stellt die Lehre des Epikur (341–270) dar, der in Athen eine Philosophenschule leitete. Er bezog sich auf Demokrit und seine Lehre von den Atomen. Epikur will an Hand des steten Werdens und Vergehens aller Materie dem Menschen helfen, die Nichtigkeit des irdischen Treibens zu erkennen. Dieser soll frei werden für das Wesentliche, die Ataraxie, den inneren Seelenfrieden. Da die aktive Teilnahme am öffentlichen Leben den Geist in Unruhe versetzt und von seinem Ideal abzieht, hatte Epikur den Grundsatz aufgestellt: Lebe im Verborgenen (λάϑε βιώσας). Diese apoli-

Epikur. Rom, Museo Baracco

tische Haltung widersprach dem römischen Empfinden. Cicero gab zudem zu bedenken: Was wäre, wenn sich jeder in sein Philosophengärtlein zurückzöge? Dann teilten lauter Catilinas das Gemeinwesen unter sich auf, und es wäre vorbei mit dem Seelenfrieden.[25] Als Vergil das Werk des Lukrez las, hatte der Epikureismus jedoch bereits eine zahlreiche Anhängerschaft in Rom. Seit Sullas Diktatur und dem Triumvirat hatte der römische Bürger nicht mehr wie früher die Möglichkeit, aktiv am Staatsleben teilzunehmen. Von der Teilnahme an der Politik ausgeschlossen, zog er sich ins Privatleben zurück. Für diesen secessus, den Rückzug aus der Öffentlichkeit, bot sich die Lebensform an, die bei den Epikureern gepflegt wurde. Sie lebten in einem Freundschaftsbund miteinander und betrieben das Philosophieren als einen Weg zur inneren Gesundheit, weit entfernt vom Lärm der Politik.

Süß ist's, anderer Not bei tobendem Kampfe der Winde
Auf hochwogigem Meer vom fernen Ufer zu schauen;
Nicht als könnte man sich am Unglück andrer ergötzen,
Sondern dieweil man sieht, von welcher Bedrängnis man frei ist.
Aber süßer ist nichts, als die wohlbefestigten, heitern
Tempel innezuhaben, erbaut durch die Lehre der Weisen.[26]

In einen solchen Tempel der Seelenruhe zieht sich nun auch Vergil zurück. Er schließt sich dem Epikureer Siro an, der bei Neapel einen Schülerkreis um sich versammelt hatte. In Kampanien, der paradiesischen Landschaft um den Golf von Neapel, hatten viele Römer ihre Landvillen. Die zahlreichen Philosophen aus dem griechischen Raum, die das griechisch geprägte Neapel angezogen hatte, fanden hier interessierte Zuhörer für ihre Vorträge. Besonders die Schule Epikurs hatte viele Anhänger.[27] Über diesen kampanischen Epikureismus sind wir aus Ciceros Briefen unterrichtet. Es war ein urbanes, ja heiteres Philosophieren[28] mit dem Ziel, im Kreise Gleichgesinnter Gedankenaustausch zu pflegen und sich innerlich zu vervollkommnen. Die Philosophen, die hier lehrten, kamen aus dem östlichen Mittelmeerraum und hatten von den hellenistischen Königshöfen eine durchaus undogmatische, weltläufige Art des Philosophierens mitgebracht, die auch von den Römern angenommen werden konnte. Man mußte dabei keineswegs die althergebrachte Religiosität und die römische Staatsgesinnung aufgeben und auf die Worte des Meisters schwören. Sogar Cicero sagt scherzhaft, er sei – mit gewissem Vorbehalt – ins Lager der Epikureer gewechselt.[29]

Wie für Cicero, so hatte die Wertschätzung der Freundschaft und der geistige Austausch im Kreise Gleichgesinnter auch für Vergil eine große Anziehungskraft. «Er lebte mehrere Jahre in freier Muße als Anhänger Epikurs in einzigartiger Eintracht und Vertrautheit mit seinen Freunden Quintilius Varus, Plotius Tucca und Varius Rufus.»[30] Vergils Lehrer Siro leitete seine Schule gemeinsam mit einem anderen Epikureer, Philodemos aus Gadara.[31] Von den philosophischen Schriften des Philodem sind uns Reste aus Papyrusfunden erhalten. Sie stammen aus einer Villa in Herculaneum, die danach den Namen «Villa dei Papiri» erhalten hat. Ihr Besitzer war L. Calpurnius Piso[32], der Schwiegervater Caesars, der uns als Epikureer und Freund und Gönner des Philodem bekannt ist. Bei der Entzifferung der verkohlten Papyrusrollen in der Bibliothek[33] stellte es sich heraus, daß es sich um eine Sammlung von Lehrbüchern des Philodem handelt. Dieser hielt also in der Villa seines Gönners philosophische Seminare ab. Auf einem Exemplar hat man römische Namen entdeckt. Man entzifferte Quintilius Varus und Varius Rufus, die übrigen hat man zu Plotius Tucca und Vergilius ergänzt Hat Vergil hier, in dieser Villa mit dem herrlichen Blick aufs Meer, im Kreise seiner Freunde philosophische Studien gepflegt? Die Villa war ideal gelegen, auf halber Höhe zwischen Berg und Meer, und bot so die nötige Abgeschiedenheit, ohne völlig von der Welt abgeschnitten zu sein. Durch die Säulenhallen des Gartens hatte man einen weiten Blick auf den Golf von Neapel und konnte sich einstimmen, um die galēne, die Meeresstille der Seele, zu erlangen.[34]

Die Titel der gefundenen Schriftrollen zeigen, daß man sich hier mit einem weitgespannten Themenkreis beschäftigte: außer Philosophie noch mit Dichtung, Musik und Politik. Der junge Vergil empfing hier Anregungen aller Art, ohne auf ein orthodoxes Philosophieren festgelegt zu sein.[35] So konnte er sich auch später, ohne sein epikureisches Freundschaftsideal aufzugeben, der stoischen Ethik zuwenden. Gewohnt hat

Vergil im Altstadtbezirk Neapels, der Region, in der immer noch Griechen lebten und die Parthenope genannt wurde.[36]

Mich, den Vergil, ernährte in Huld Parthenope damals, sagt der Dichter später über diese Jahre.[37]

Sein Lehrer Siro besaß ein Häuschen mit kleinem Landbesitz, etwas außerhalb von Neapel. Dort lebte er mit seinen Schülern, ganz wie Epikur in seinem Gartengrundstück in Athen, und lehrte sie nach den Grundsätzen des Meisters: «Der edle Mensch bemüht sich am meisten um Weisheit und Freundschaft.» – «Wer in sich selbst frei von Unruhe ist, schafft auch einem anderen keine Unruhe.» – «Der größte aller Reichtümer ist die Selbstgenügsamkeit.»[38]

Während seines langjährigen Aufenthalts in Neapel, das ihm zur zweiten Heimat wurde, widmete sich Vergil nicht nur der Philosophie. Er lernte die Gegend kennen und nahm ihr geistiges Klima in sich auf. Wie das sechste Buch der *Aeneis* zeigt, war ihm Cumae vertraut, die älteste und nördlichste griechische Kolonie in Italien. Seit der archaischen Zeit gab es dort einen Tempel des Apollon, ein weithin berühmtes Orakelheiligtum. In einer Grotte weissagte die Sibylle von Cumae, die «Pythia Hesperiens». Doch nicht nur der lichte Olympier Apollon wurde hier verehrt. Die Landschaft am Golf von Neapel zeigt ein Doppelantlitz: hier die silberglänzende, heitere Meeresfläche und dort der düstere Kegel des Ve-

Straße in Herculaneum

Porticus einer Villa in Herculaneum

suvs. In der vulkanischen Gegend mit ihren heißen Quellen und Dämpfen, mit brodelnden Erdschlünden, liegt ein Kratersee, der Avernersee, und unweit davon befand sich, so glaubte man, der Eingang zur Unterwelt.

Zum geistigen Klima Neapels gehörte auch das vielfältige Ideengut, das aus dem Osten hier einströmte. Es kamen Philosophen, Redner und Wanderprediger, und man hörte von mystischen und apokalyptischen Spekulationen, von Weissagungen aus Syrien und dem Zweistromland, von messianischen Prophezeiungen aus Judäa. Immer wieder tauchte die hellenistische Idee des θεῖος ἀνήρ auf, des «göttlichen Menschen». Es ist die Vorstellung einer außergewöhnlichen Persönlichkeit, die als «Typus des Gottgesandten»[39] segensreich in der Welt wirkt, gleichsam als ein Vorläufer der Heiligen. Besonders in Krisenzeiten erhielt diese Idee eines Retters und Erlösers immer wieder starke Impulse.

Der kulturelle Schmelztiegel Neapels bot dem jungen Vergil also eine Fülle von Eindrücken – von Epikurs Meeresstille bis zu den Pforten der Unterwelt, durch die er einst seinen Helden Aeneas führen wird. Neapel bot Stille und Anregung zugleich, anders als Rom, das zu dieser Zeit unter dem Würgegriff der Politik zu ersticken drohte.

Römisches Arkadien

Während Vergil in stiller Zurückgezogenheit in Neapel lebte, verwandelte sich die Welt. Julius Caesar überschritt in Vergils Heimatprovinz den Grenzfluß Rubikon und entfachte den Bürgerkrieg. Waren die kriegerischen Auseinandersetzungen zwischen Marius und Sulla noch auf Italien beschränkt geblieben, so erfaßte der Krieg nun das ganze Reich. Jeder wurde gezwungen, Stellung zu nehmen, entweder auf seiten Caesars oder auf der des Pompeius, dem die Senatsregierung folgte.

Der Bruch ging oft mitten durch die Familien. Bruder stand gegen Bruder, wenn der eine einst bei diesem Feldherrn, der andere bei jenem gedient hatte. Die beiden Führer selbst waren nicht nur ehemalige Bündnispartner, sondern Schwiegervater und Schwiegersohn.

Auf dem Schlachtfeld von Pharsalos im griechischen Thessalien fand der Bruderkrieg im Jahre 48 seine blutige Entscheidung. Caesar errang den Sieg, Pompeius kam kurz danach in Ägypten ums Leben.

Was hier in Pharsalos geschehen war, ein Brudermord größten Ausmaßes, blieb ein Trauma, eine Wunde im Herzen Roms. Noch bei Lucan in seinem Epos «Pharsalia» (ja noch bei Goethe in der Klassischen Walpurgisnacht des «Faust II») ist der Ort verflucht, eine Heimstatt der Dämonen. Die Furien waren geweckt worden, man hatte eine Hemmschwelle übertreten, ein Tabu gebrochen: Immer wieder tötete nun ein Romulus seinen Bruder Remus.

Der Sieger im Bürgerkrieg machte sich zum Alleinherrscher in Rom. Als selbsternannter Diktator auf Lebenszeit gedachte Caesar das römische Reich neu zu organisieren und zu regieren. Aber die Römer konnten sich nicht damit abfinden, daß ihre res publica, die Republik ihrer Väter, tot sein sollte. Brutus und Cassius töteten Caesar und hofften, die althergebrachte Staatsform durch diese Tat wieder zum Leben erwecken zu können. Doch der Tyrannenmord an den Iden des März 44 v. Chr. bildete nur ein weiteres Glied in der Kette blutiger Taten. «Caesar konnte die Alleinherrschaft erringen, warum sollte ich es nicht auch können?» So fragte sich nun Marcus Antonius, Caesars General, und er sollte nicht der letzte sein. Caesars Erbe betrat die Bühne der Weltgeschichte.

In seinem Studienort, einem Städtchen auf dem Balkan, wurde ein vaterloser, kränklicher Jüngling nach den Iden des März von der Nachricht überrascht, daß ihn sein kinderloser Großonkel, der Diktator Julius Caesar, in seinem Testament adoptiert und zum Erben eingesetzt hatte. Es ist

*Cn. Pompeius Magnus und
sein Sohn Sextus. Aureus, 42 v. Chr.*

eine der seltsamsten Episoden der Weltgeschichte, wie dieser achtzehn-
jährige Octavian – 63 v. Chr., im Jahr von Ciceros Konsulat und der Ver-
schwörung des Catilina geboren – nun völlig auf sich gestellt nach Rom
reist und kaltblütig und geschickt ins Spiel der Mächtigen eingreift.⁴⁰ Er
nennt sich Julius Caesar (der Jüngere) und ist entschlossen, Caesars Erbe
anzutreten, auch das Erbe des Politikers Caesar. Als ihn Antonius der
eigenen Vormachtstellung wegen zurückweist, verbündet sich Caesars
Sohn mit Caesars Mördern. In der Schlacht von Mutina im Jahre 43 führt
er ein Republikanerheer gegen Antonius. Dann zerbricht die Allianz,
und Octavian geht zu Antonius über. Die Generale Antonius und Lepidus
schließen mit dem Caesarsohn und -erben das Zweite Triumvirat. Der
Bürgerkrieg ist neu entflammt; wieder stehen sich Römerheere gegenüber, kämpft Bruder gegen Bruder. Auf die Schlacht von Pharsalos folgt
Philippi (42 v. Chr.).

«Bei Philippi sehen wir uns wieder»⁴¹: Caesars Geist holte seine Mörder ein. Brutus und Cassius wurden geschlagen und gaben sich den Tod.
Der Geist des Bürgerkrieges und Brudermordes aber fand noch lange
keine Ruhe; man war es nun gewohnt, das Schwert gegen Mitbürger und
Verwandte zu ziehen. Längst war jeder Gedanke an die alte res publica
und an die concordia, die Eintracht aller Bürger im Gemeinwesen, in Blut
und Tränen ausgelöscht. Unmenschliche Taten und Greuel geschahen,
wie sie für die Römer, ein kultiviertes und hochzivilisiertes Volk, unaus-
denkbar gewesen waren. Die Proskriptionen der siegreichen Triumvirn
im Jahre 42, bei denen Hunderte von Bürgern auf die Todeslisten gesetzt
wurden, übertrafen an Umfang und Grausamkeit noch die Terrormorde
des Sulla. Söhne denunzierten ihre Väter, Sklaven ihre Herren, eine Men-
schenjagd begann, die in einem grausigen Blutbad endete. Cicero fiel
dem Haß des Triumvirn Antonius zum Opfer. Sein Kopf und seine rechte
Hand, mit der er die «Philippischen Reden» gegen Antonius geschrieben

*Caesar Octavian
und Marcus Antonius.
Aurei des Zweiten Triumvirats,
42–40 v. Chr.*

hatte, wurden auf der Rostra zur Schau gestellt. Bürgerkrieg und Brudermord, das war hinfort römische Gegenwart.

Wo war Vergil in jener Zeit, in den Jahren 49 bis 42? Wir haben keine
Lebenszeugnisse für diese Epoche, die von kriegerischen Auseinandersetzungen und einem raschen Wechsel der politischen Konstellationen
geprägt ist. Wir müssen annehmen, daß die Stürme der Zeit bis in den
stillen Hafen Epikurs hineinbrandeten und Vergil aus seinem Zauberberg
vertrieben. Vergil und seine Altersgenossen mußten in den Krieg. Der
Sirokreis löste sich auf.

Wie lange Vergil Soldat war, auf welchen Kriegsschauplätzen er weilte,
wissen wir nicht. Als Transpadaner stand er sicher auf der Seite Caesars,
und seiner schwachen Gesundheit zufolge wird er bald wieder zurückgekehrt sein. Eines aber wissen wir, das für Vergils «innere Biographie», für
seine geistige Entwicklung, von Bedeutung ist: Er hat den Bürgerkrieg als
Brudermord erlebt, und das Erlebnis wurde ihm – wie Horaz – zum

Mars. Didrachme, nach 289 v. Chr.

Trauma. Himmel und Erde entsetzten sich, so sagt er später, und sandten unheilvolle Zeichen, als nach Pharsalos abermals im griechischen Osten eine Entscheidungsschlacht im Bürgerkrieg geschlagen wurde.

So sah gegeneinander im Sturm mit Brudergeschossen
Römische Reihen zum zweitenmal das Feld von Philippi,
Götter sahen gelassen mit unserem Blute schon wieder
Makedoniens Fluren gedüngt und Thrakiens Bergland ...
Hier ist Recht ja und Unrecht verkehrt. Wie die Kriege auf Erden
Wachsen, so heben ihr Haupt in grausiger Zahl die Verbrechen.
Niemand ehrt noch den Pflug. Fort muß der Bauer, die Fluren
Liegen verödet. Man glüht zum mordenden Schwerte die Sichel,
Hier ruft der Euphrat, dort Germanien furchtbar zum Kriege,
Nachbarstädte zertreten das Recht und heben die Waffen
Widereinander. Bruderkrieg tobt überall auf dem Erdkreis.

(Georg. I 489 ff; 505 ff)

Mars impius, den gottlosen Krieg (Georg. I 511), so nennt Vergil den Bürger- und Bruderkrieg, der die pietas verletzt, die fromme Rücksicht auf Familie und Angehörige. Wem wird es gelingen, die Furie dieses Krieges zu bändigen?

Fort muß der Bauer, sagt Vergil. Der Landmann muß nicht nur in den Krieg, er wird auch von seinem Acker, von seinem angestammten Grund und Boden vertrieben. Nach der Schlacht von Philippi werden die entlassenen Soldaten in Militärkolonien angesiedelt. Da die vorgesehenen Ländereien für 200 000 Mann nicht ausreichen, greift man zu einem brutalen Mittel: Landenteignung. Das fruchtbare, wohlbestellte Land um Cremona in Oberitalien sollte eine große Zahl von Militärkolonisten aufnehmen. Die Region hatte im Krieg auf der falschen Seite gestanden. Als sich die Gemarkung als zu klein erwies, wurde auch das Gebiet von Mantua einbezogen. «Einbezogen», das hieß: In Vergils Heimat wurden die

Landbesitzer entschädigungslos enteignet und von Haus und Hof vertrieben. Männer und Frauen, Kinder und Greise zogen fort ins Ungewisse, Heimatvertriebene im eigenen Land. Die Geschichtsschreiber berichten von erschütternden Szenen in Rom, als die Vertriebenen dort ankamen und unter Weinen und Wehklagen hilfeflehend die Tempel umlagerten.[42]

Mantua, wehe, benachbart zu sehr dem armen Cremona! beklagt Vergil seine Heimat.[43] Er selbst lebt nun zwischen Neapel und Puteoli in dem kleinen Haus seines Lehrers und Freundes Siro, sei es, daß dieser gestorben war und es ihm hinterlassen hatte oder daß er nun mit seinem Kollegen Philodem zusammenwohnte. Vergil will hier den landvertriebenen Vater und die Seinen aufnehmen:

Landhäuschen, einst des Siro Besitz, mein Äckerlein, armes,
  und doch jenem, dem Herrn, wirklicher Reichtum auch du:
mich und diese zusammen mit mir, die ich immer schon liebte,
  lege ich dir ans Herz, wenn ich vom heimischen Land
Schlimmes gehört. Ich empfehle zuerst dir den Vater; sei du ihm
  jetzt, was Mantua einst und was Cremona ihm war.[44]

Als sich Vergil in den Hafen Epikurs zurückzog, hatte er den Musen den Abschied gegeben, freilich keinen rigorosen und endgültigen. Gelegentliche Visiten sollten erlaubt sein. Als der Lärm und die Aufregung des Forums hinter ihm lagen und Vergil durch die Philosophie Epikurs seine innere Ruhe gefunden hatte, kehrten auch die Musen wieder bei ihm ein. In seiner Jugend hatte Vergil im Kreis der Neoteriker das Dichten als aemulatio, als wetteifernde Nachahmung und schöpferische Aneignung der hellenistischen Poesie, erlebt. Der Alexandriner Kallimachos war das Vorbild gewesen, das Vergil vorgefunden und an dessen feiner, geschliffener Form er seine Sprache geschult hatte. In seiner Neapler Zeit erwählt er sich nun den alexandrinischen Dichter Theokrit zum Vorbild, den Meister der Bukolik, der Hirtenpoesie.[45]

Theokrit, um 305 v. Chr. in Syrakus geboren, lebte in Sizilien und am Hofe der Ptolemäerkönige in Alexandria, wo er Freundschaft mit Kallimachos schloß. Wie dieser legte auch Theokrit Wert auf eine wohldurchdachte, sorgfältig ausgearbeitete Form seiner halb epischen, halb lyrischen kleinen Dichtungen, die Idyllen genannt wurden (wörtl. «Kleinbild»). Diese Idyllen spielen meist in einer idealisierten ländlichen Welt in Theokrits Heimat Sizilien. Sie schildern das einfache Leben von Hirten, die verliebt sind, Lieder dichten und singen. Vergleicht man die Idyllen Theokrits mit einer ländlichen Szenerie bei Homer, mit der Welt des «göttlichen Sauhirten» Eumaios in der «Odyssee», so ist die sentimentale Grundstimmung nicht zu verkennen. Theokrits Hirtenpoesie stammt nicht vom Land, sondern aus der Großstadt. Sie entstand in Alexandria, der ersten Weltstadt der Antike, die als Reaktion auf ihre überfeinerte Stadtkultur die erste «Zurück-zur-Natur-Bewegung» hervorbrachte. Theokrits ländliche Gegenwelt ist freilich keine süßliche Schäferpoesie. Der poeta doctus macht dem Leser stets bewußt, daß er ihn in eine Kunstwelt entführt. Die Einfachheit des Milieus und der kunstvoll distanzierte,

Anfang der 1. Ekloge Vergils. Codex Vergilius Romanus, 5./6. Jh. Rom, Vatikan

oft leicht ironische Stil des Dichters sollen gerade auf den Gegensatz zwischen Zivilisation und Natur verweisen, auf den unerfüllbaren Wunsch des «modernen» Menschen nach Rückkehr in den Schoß der Natur.

Es ist verständlich, daß sich Vergil von dieser Poesie angezogen fühlte. Die ländliche Szenerie sprach ihn besonders an, denn seit seiner Kindheit liebte er das Land, und er zog es stets der Großstadt vor. Er war freilich nicht der einzige in Rom, der sich der bukolischen Dichtung zuwandte. Eine neuerschienene kommentierte Ausgabe des Theokrit hatte das Interesse an diesem Autor neu belebt, und angesichts der unruhigen, friedlosen Zeiten wählte man gerne den Rückzug in die idyllische Welt der Hirten und Sänger. Für Vergil aber ist die Bukolik mehr als eine Lebenshilfe. Als literarische Gattung der Griechen ist sie für ihn eine dichterische Herausforderung, die er annimmt:

Unsere Muse zuerst hielt wert syrakusischen Verses
Tändelndes Spiel und errötete nicht, in Wäldern zu hausen.
Hirtengedichte ersann ich im Spiel, mit dem Mute der Jugend.[46]

35

Nicolas Poussin: «Die Hirten in Arkadien», 1640. Paris, Louvre

In Syrakus auf Sizilien war Theokrits Hirtendichtung angesiedelt. Aber 300 Jahre nach Theokrit war Sizilien keine bukolische Landschaft mehr. Die Insel war ein Zentrum römischer Agrarwirtschaft mit riesigen Plantagen (Latifundien), die als Monokulturbetriebe rationell bewirtschaftet wurden. Für müßige Hirten, die im Baumesschatten Flöte spielten, war hier kein Platz mehr. So wählte sich Vergil für seine *Bucolica,* seine Hirtengedichte, einen anderen Schauplatz. Er verlegte sie nach Arkadien, einer einsamen, abgelegenen Landschaft auf der Peloponnes. Hier war die mythische Heimat des Hirtengottes Pan, der dort als erster die Syrinx, die aus mehreren Pfeifen zusammengefügte Hirtenflöte, gespielt hatte. Seit alters her übten sich dort die Hirten im Wettsingen und Musizieren.[47]

Vergil kam es freilich nicht so sehr auf eine geographisch fixierte Gegend an; der Name Arkadien sollte beim Leser die Vorstellung einer urtümlichen, paradiesischen Landschaft hervorrufen. Eine Welt voller Stille, Naturschönheit und Geborgenheit, wo Musik, Poesie und Liebe wohnen. Diese Vorstellung verbinden wir seit Vergil mit Arkadien, und so mancher hat seitdem von sich gesagt: Et in Arcadia ego – Auch ich war in Arkadien.[48]

Vergils *Bucolica* sind eine Sammlung von zehn Gedichten, die in den Handschriften *Eklogen* heißen, das heißt einzelne ausgewählte Gedichte.

Sie sind von Vergil nicht nach der Reihenfolge ihres Entstehens geordnet, sondern nach dem antiken poetischen Prinzip der variatio, des thematischen Wechsels. Um den dichterischen Werdegang Vergils nachzuvollziehen, müssen wir diese Ordnung auflösen und die Gedichte nach ihrer zeitlichen Abfolge betrachten. Als früheste gelten die *Eklogen* 2, 3 und 7. Es sind typische Hirtengedichte im Stil des Theokrit. Gesang, Liebe, Naturschönheit und Hirtenleben sind die Themen. Auch Motive und Namen, bis hin zu einzelnen Versen und Wendungen, sind aus Theokrit übernommen. Trotz dieser starken äußeren Übereinstimmung wird der Unterschied der Dichterpersönlichkeiten deutlich. Bei Vergil fehlen die derb-realistischen Züge, es fehlt die ironische Distanz des Großstädters Theokrit, mit der dieser eine schwärmerische Identifizierung des Lesers mit den Hirten immer wieder aufhebt. Vergil stammt vom Land und liebt die Natur als einen Teil seiner Selbst. So fühlt er sich eins mit ihr und möchte dieses Gefühl gerade auch dem Leser vermitteln.

In der *2. Ekloge* hören wir die Liebesklage eines unglücklich Verliebten:

Corydon war, der Hirt, entbrannt für den schönen Alexis ...
Fühlst du denn gar kein Erbarmen? Du treibst mich noch endlich zum
  Tode.
Jetzt verbirgt sich die Eidechse auch, die grüne, im Dornbusch ...
Aber von mir und dem heiseren Lied der Grillen ertönt rings
Glühend im Mittag der Busch, wenn deinen Spuren ich folge.

(Ekl. 2, 1 ff)

An einem einzelnen Vers läßt sich zeigen, was Vergil im Unterschied zu Theokrit ausdrücken wollte. Die Eidechse, die sich im Schatten verbirgt, kommt auch bei Theokrit vor. Dort redet ein Hirte den anderen an: «Was rennst du herum in der Mittagshitze, wenn sogar die Eidechsen im Schatten schlafen? Du drängst dich wohl uneingeladen irgendwo zum Mittagsmahl!»[49] Bei Vergil ist der Vers eingebettet in ein Natur- und Seelengemälde. Der Leser soll den Kontrast fühlen zwischen der Mittagsruhe der Natur und der ruhelosen Liebesleidenschaft des Hirten. Eine dichterische Verbindung von Seele und Natur ist uns heute seit Goethes «Werther» vertraut; in der damaligen römischen Literatur war sie in dieser kunstvollen Form etwas Neues. Neue seelische Bereiche wurden hier der Dichtung erobert.

Beseelt und gegenwärtig ist die ländliche Natur, ein eigener Zauber geht von ihr aus. In der *3. Ekloge* finden sich Hirten zu einem Wettgesang ein[50]:

Singt, sobald wir uns hier im weichen Grase gelagert.
Schwer von Frucht schwillt jedes Gefild' jetzt, strotzt jeder Baum jetzt.
Jetzt quillt grünend der Wald, jetzt strahlt das Jahr voller Wonne.

So nahe ist Vergil die Heimat, daß er den Fluß Mantuas durch sein Arkadien fließen läßt:

Hierhin kommen zur Tränke von selbst durch die Wiesen die Stiere,
Hier umsäumt mit schwankem Schilf der Mincio grünend
Rings die Ufer, es summen aus heiliger Eiche die Bienen.

(Ekl. 7, 11 ff)

In der 5. *Ekloge* schließt sich Vergil an Theokrits Erzählung vom Tode des Daphnis an. Er war ein mythischer Hirt und Sänger in Sizilien. Als er stirbt, wendet er sich an die Musen:

Laßt den Gesang, ihr Musen, laßt den Hirtengesang ruhen!
Fortan traget Violen, ihr Brombeerranken und Dornen!
Alles verkehre sich rings! Und der Pinie Frucht sei die Birne,
Jetzo da Daphnis stirbt! Und der Hirsch nun schleppe den Jagdhund,
Und mit der Nachtigall kämpf' im Gesang von den Bergen der Uhu!

(Theokrit, 1. Id. 131 ff Übers. von Eduard Mörike)

Wenn das Unglaubliche geschieht, wenn Daphnis verstummt und seine Hirtenwelt verläßt, dann könnte auch geschehen, was von Natur unmöglich ist: Die literarische Figur des Adynaton (griech. «unmöglich») drückt dies emphatisch aus.

Vergils Daphnislied setzt ein, als der Sänger bereits tot ist. Die blühende Natur ist mit ihm abgestorben, starrende Dornen überall, taubes Getreide. Die Götter aber erheben Daphnis zu den Sternen, und bei dieser Apotheose erfüllt Freude die Welt, und die Natur belebt sich wieder. Es folgt wie bei Theokrit ein Adynaton, aber hier, in Vergils Arkadien, wird das Unmögliche möglich.

Nicht mehr belauert die Schafe der Wolf, nicht spannt sich den Hirschen
Tückisch das Netz, es liebt ja der gütige Daphnis den Frieden.
Jubelnd lassen nun selbst zu den Sternen empor ihre Stimmen
Brausen die waldigen Berge, selbst Felsen dröhnen in Liedern,
Sträucher selbst singen: «Ein Gott, nun ist er ein Gott, o Menalcas!»

(Ekl. 5, 60 ff)

Vergils Daphnis ist kein sizilischer Hirtenheros; er verkörpert die hoffnungsvolle Idee des «göttlichen Menschen», der eine Segenszeit bewirkt, in der das Unmögliche möglich wird, in der friedvolles Glück herrscht. Und nicht mehr arkadische Hirten huldigen ihm, sondern Bauern, die das italische Fest der Flurweihe (Ambarvalien) feiern. Das Traumland Arkadien verwandelt sich allmählich immer mehr in Vergils eigene Welt.

Die 5. *Ekloge* bildet eine deutliche Zäsur innerhalb der Gedichte. In der zeitlich anschließenden 9. *Ekloge*[51] hören wir ein Zwiegespräch zwischen Lycidas und Moeris, die sich auf dem Weg zur Stadt treffen. Moeris sagt:

Lycidas, o nun haben wir's doch noch erlebt, was wir nie und
nimmer geglaubt – daß der Fremdling als Herr unsres Gütchens uns sagte:
«Das gehört mir nun; macht euch davon, ihr früheren Siedler!»
Niedergeschlagen und traurig, da Zufall alles zu Fall bringt,
Liefern wir jenem – bekomm's ihm übel! – jetzt diese Böcklein.

(Ekl. 9, 2 ff)

Am Mincio

Wo ist das paradiesische Arkadien mit seinen glücklichen Hirten? Die Szenerie hat sich jäh verändert; wir sind im Hier und Jetzt. Das Gedicht spielt im Jahr seiner Entstehung, 41 v. Chr., zur Zeit der Landenteignungen nach der Schlacht von Philippi. Zwei italische Kleinbauern sind es, die sich da treffen und von ihrem Schicksal erzählen. Der Soldat, der das kleine Gut des Moeris übernommen hat, bewirtschaftet es nicht selbst. Er lebt in der Stadt, und Moeris muß ihm die Erträge seines Landes als Abgaben liefern. Er ist vom freien Bauern zum Leibeigenen geworden. Aber hat nicht – so hörte man doch – der Hirte Menalcas, der Meister des Gesanges, durch seine Lieder das Land hier retten können? Ja, antwortet Moeris:

Hörtest es, und es hieß ja auch so. Doch unsere Lieder,
Lycidas, haben im Waffengeklirr nur so viel zu sagen,
Wie Chaonias Tauben beim Flügelschlagen des Adlers.

(Ekl. 9, 11ff)

Nicht nur er, Moeris, sondern auch Menalcas sei beinahe ums Leben gekommen. Nur dunkel und andeutungsweise erfahren wir dies alles. Von einem Streit ist die Rede – wollten die Bauern ihr Land nicht freiwillig abtreten? Die beiden sind erschüttert, daß ihr verehrter Hirtenpoet beinahe verstummt wäre. Sie rufen sich seine Lieder ins Gedächtnis. Eines hat er zu Ehren des Varus gesungen. Mit dem Namen des Statthalters von Oberitalien bricht vollends die rauhe Wirklichkeit ein:

*Divus Julius, der zu den Göttern
erhobene J. Caesar. Sesterz, ca. 36 v. Chr.*

*Varus, deinen Namen, bleibt Mantua nur uns erhalten
– Mantua, wehe, benachbart zu sehr dem armen Cremona! –
Tragen singend die Schwäne empor zum Sternengewölbe.*

(Ekl. 9, 27 ff)

Auch das nächste Lied, das zitiert wird, deutet auf die Wirklichkeit.

*Siehe, der Stern ging auf des Venussprossen, des Caesar,
Dieser Stern, durch den die Saat sich freut ihrer Früchte
Und am sonnigen Hügel schwillt farbenglühend die Traube.
Pfropf' deine Birnen, mein Daphnis! Dein Obst einst ernten die Enkel.*

(Ekl. 9, 47 ff)

Ein Komet war erschienen, und man hatte darin ein Hoffnungszeichen gesehen, daß der große Tote nun versöhnt und zu den Göttern erhoben war. Würde nun der Friede einkehren, eine lange Zeit des Friedens, in der man nicht nur kärglich von der Hand in den Mund lebt, sondern die Erde bebauen kann für Kinder und Kindeskinder, wie es dem Rhythmus der Natur entspricht?

Düsteres, Bedrohliches, dann wieder Verheißungsvolles tönt, oft rätselhaft, aus diesen Liedern, die hier anklingen. Schließlich aber verstummt Moeris. Gedächtnis und Stimme verlassen ihn, sagt er. Der Blick des Werwolfs hat ihn getroffen, ein unheimlicher Bannzauber, er singt nicht mehr.

Schon in den Viten und den Scholien finden sich Mutmaßungen, daß Erlebnisse Vergils bei den Landenteignungen in dieses Gedicht eingegangen sind. Man wird dem zustimmen, ohne daß man einen der Hirten und dessen Schicksal geradezu mit Vergil gleichsetzt. Was Vergil darstellt, ist die Bedrohung der Welt des Dichterischen, des Friedvoll-Schönen durch Gewalt und Krieg, festgehalten im Bild von den Tauben, über die der Adler kommt.

Hoffnung und Verheißung

Die idyllische Hirtenwelt versinkt, die Dichtung droht in den Erschütterungen der Welt zu verstummen. Aber Vergil widersteht dem Wolfsblick, der ihn lähmen will. Das Bekenntnis zur Hoffnung, die er in sein römisches Arkadien hinübergerettet hat, dient ihm als Abwehrzauber. «Wo aber Gefahr ist, wächst das Rettende auch» (Hölderlin). Im zeitlich nächsten der Gedichte, das er programmatisch an den Anfang seiner Sammlung gestellt hat, läßt er beides Gestalt werden, die Gefahr und das Rettende.

Wieder ist ein römisches Arkadien der Schauplatz für die Schicksale der Gegenwart. Es treffen sich Meliboeus und Tityrus, keine arkadischen Schäfer, sondern italische Kleinbauern.

M.: Tityre, tu patulae recubans sub tegmine fagi –
Tityrus, du zurückgelehnt unter der Hülle der weitausgreifenden Buche
denkst dir auf zartem Rohr dein Waldlied aus.
Ich muß die Heimatgefilde und die lieben Fluren lassen,
ich muß aus der Heimat fliehen. Du, Tityrus, gelassen im Schatten
lehrst den Wald den Namen der schönen Amaryllis nachsingen.
T.: Meliboeus, ein Gott hat mir diesen Frieden geschaffen.
(Ekl. 1, 1 ff. Übers. v. Friedrich Klingner [52])

Was ist das für ein Gott, fragt der andere erstaunt, der sich, von Haus und Hof vertrieben, auf dem Weg ins Ungewisse befindet. In Rom hat er ihn gesehen, berichtet Tityrus. Ein junger Mann war es, und er gab ihm auf seine Bitten die Antwort:

«Weidet, wie vorher, die Kühe, Kinder, laßt Stiere aufwachsen!»
M.: Beglückter Alter, so wird dein Land dein bleiben ...
Aber wir andern werden fort von hier ins dürstende Afrika gehn,
manche nach Skythien und an den schlammreißenden Oxus
und in das ganz von der Welt geschiedene Britannien ...
Gottlose Söldner werden diese wohlangebauten Felder haben,
Ausländer ohne Gesittung diese Saatgefilde! Sieh, dazu hat der Unfriede
unsere unseligen Mitbürger gebracht! Für diese Menschen haben wir unsere Felder bestellt!
Geht, meine lieben Ziegen, Herde voll Gedeihen vormals, geht!
Nie werd' ich nun, ausgestreckt in begrünter Grotte,

Argumēta Aeglogae Primae.

Publ̈ Virgilij Maronis Mantuani opera

cū cōmētariis Seruii Mauri honorati grāmatici: Aelii Donati: Chriſtofon Lan-
dini: Antonii Mancinelli & Domicii Calderini.
Argumentum egloge prime: quę Tytirus dicitur.
A patria fugiens Melibeus forte ſub vmbra,
Tytrion inuenit cantantem carmina amice,
Quapropter miratus ei ſua damna recenſet:
Auctoremcȝ ſui declarat Tytirus oci.
SEBASTIANVS BRANT
Sub fagi recubans Melibeum Tytirus vmbra
Solatur profugum: collatacȝ munia laudat.

Der erste mit Illustrationen ausgestattete Vergil-Druck, herausgegeben von Sebastian
Brant, verlegt bei J. Grüninger in Straßburg 1502: Holzschnitt zur 1. Ekloge

euch an buschigen Felsen schweben sehen,
werde keine Lieder mehr singen; in meiner Hut, ihr Ziegen,
werdet ihr nicht mehr blühenden Cytisus und herbe Weidenblätter rupfen.
T.: Aber du könntest doch hier bei mir heute nacht ausruhen
auf grünem Laub. Ich habe reife Äpfel,
weiche Kastanien und Käs in Fülle.
Und es rauchen ja auch schon fern die Firste der Güter
und größer fallen von den hohen Bergen die Schatten.

(Ekl. 1, 45 f; 64 ff. Übers. v. Friedrich Klingner)

Mehr noch als in der 9. *Ekloge* wird hier das Zeitschicksal der Landenteignung sichtbar und faßbar. Welch ein Gegensatz zwischen dem einen, der im Schatten eines Baumes ruht und Flöte spielt und dem anderen, der als Vertriebener in die Fremde zieht. Doppelt schmerzlich ist diese Vertreibung für ihn, da er keinem bäuerlichen Siedler Platz macht, sondern sein sorgsam gepflegtes Land einem barbarischen Söldner überlassen muß, der es verwildern lassen wird. Die Erde selber leidet, und es leidet die stumme Kreatur. Nur mühsam treibt Meliboeus eine seiner Ziegen voran, die ihre eben geborenen Zwillingslämmchen – sonst ein Stolz der Herde – auf nacktem Gestein liegen lassen mußte. In einem solchen unvergeßlichen Einzelzug erweist sich Vergil als der Dichter, der «Tränen für die Dinge» hat. Liebendes Mitleid offenbart sich auch am Ende des Gedichts, als der Glückliche, der bleiben darf, den Unglücklichen zur Rast für die Nacht einlädt. Diese Geste der Mitmenschlichkeit verleiht Trost, wie ihn Aeneas beim Anschauen der Tempelbilder empfindet. Leid und Spannung der Welt kommen für einen Augenblick zur Ruhe. Aber nicht umsonst schließt das Gedicht mit dem Bild der Schatten, die hoch und dunkel herabfallen: *umbra,* ein Wort, das Vergil noch oft gebrauchen wird. Das Mitgefühl des einzelnen vermag die Gegensätze zwar zu lindern, aber nicht aufzuheben – warum muß der eine gehen, und der andere darf bleiben? Die Welt ist nicht heil, in der solches geschieht. Die Gefahr ist allenthalben, aber wo ist das Rettende?

Da ist die Gestalt eines jungen Mannes in Rom, der Tityrus wie ein Gott erschienen ist, weil er ihm eine geheimnisvoll-tröstende Antwort gegeben hat. Wie ein *responsum* kam sie ihm vor, wie ein Götterbescheid. In dieser Antwort geht es nicht nur um Tityrus und sein Äckerchen. Sie ist viel umfassender und ist an viele – an alle? – gerichtet. Eine glückliche Zukunft verheißt sie, eine lange, friedvolle Zeit. Sollen die Herden wieder weiden und das Jungvieh aufwachsen können, ohne daß die Flamme des Bürgerkriegs das Land verheert, die Armeen von Freund und Feind die Fluren zerstampfen und der Bauer vertrieben wird? Wer solches verheißt, der ist in der Tat göttlich zu nennen, wie der Heros Daphnis aus der 5. *Ekloge,* der den Frieden liebt und den Seinen segensreich nahe ist. In der 9. *Ekloge* hatte sich die Hoffnung an den Stern Caesars geknüpft. Nun heftet sich diese Idee eines Heilbringers an eine lebende Persönlichkeit, an den jungen Caesar Octavian.

Aber ist Vergils göttergleicher Jüngling, der deus iuvenis, wirklich je-

Miniaturbildnis des Augustus aus Alexandria, um Chr. Geburt. Griechisch-Römisches Museum, Alexandria

ner junge Machthaber, der mitschuldig daran war, daß die Furie des Bürgerkriegs wieder entfesselt wurde und Rom nach der Ermordung Caesars abermals in einen Abgrund von Blut und Tränen versank? Die Schlacht von Philippi, der blutige Terror der Proskriptionen, die Landenteignungen – das war das Werk der Triumvirn Antonius, Lepidus und Octavian. Und der Caesarerbe ist durchaus nicht wegen seiner Jugend von der Mitverantwortung freizusprechen. Nirgendwo hören wir davon, daß er als jugendliche Heilsgestalt Licht ins Dunkel gebracht hätte. «Moriendum est – Es muß gestorben werden», erklärte er einmal auf Bitten zu Tode Verurteilter.[53] «Die Anfänge des späteren Friedenskaisers Augustus sind geprägt durch einen ganz ungewöhnlichen Mangel an politischem und menschlichem Gewissen.»[54] Und Vergil preist ihn als rettenden Gott? Kein Wunder, daß man hier einen Widerspruch empfand und nach Erklärungen suchte. Die Viten berichten, Vergils väterliches Gut sei im Zuge der Landenteignungen konfisziert worden. Durch die Vermittlung des Asinius Pollio (vgl. die *4.* und *8. Ekloge*) sei Vergil dem Octavian

44

empfohlen worden und habe sein Gut zurückerhalten. Es heißt auch, nachdem Pollio seine einflußreiche Stellung eingebüßt hatte, sei Vergils Gut abermals enteignet worden. Dabei sei der Dichter selbst in Lebensgefahr geraten. Von einem Centurio mit gezücktem Schwert verfolgt, habe sich Vergil in den Fluß gestürzt, um sich schwimmend zu retten. Alfenus Varus (der in der *6.* und *9. Ekloge* erwähnt wird) habe sich unter Zustimmung des Octavian für die Wiedereinsetzung oder Entschädigung Vergils eingesetzt.[55] Aus Dankbarkeit, so lautet die Schlußfolgerung in den Viten, habe Vergil nun in seinen *Eklogen* sowohl Varus und Pollio als auch den Mächtigsten, den jungen Caesar Octavian, als seine Gönner gepriesen.

Diese Nachrichten, die sich mehr oder weniger ausführlich in sämtlichen Viten finden, sind angesichts der so spärlichen biographischen Details über Vergils Leben stets auf besonderes Interesse gestoßen. So begreiflich dies ist, wollen wir uns doch – wie bei der *9. Ekloge* – einige Zurückhaltung auferlegen, um nicht die Hirtengedichte und insbesondere das lyrische Meisterwerk der *1. Ekloge* gleichsam nur als Steinbruch für ein Einzelschicksal zu benutzen. Vergil war betroffen durch die Landenteignungen, soviel steht fest, aber diese Betroffenheit beruhte nicht nur auf seinem persönlichen Schicksal. Dieses war für ihn ein Exempel für das Unheil der Zeit. Er ist entschädigt worden – so nehmen wir an – durch Varus und Pollio, die sich bei Octavian für den jungen Dichter einsetzten. Ob er sein väterliches Gut zurückerhielt, oder eine Entschädigung durch Landbesitz an einem anderen Ort, auf diese Frage werden wir noch zurückkommen. Vergil ist und bleibt jedenfalls betroffen vom Unglück in einer heillosen Welt. *Wohin hat uns elende Bürger Zwietracht gebracht?*[56] Diese Einsicht geht über den Horizont seiner Personen hinaus; hier hören wir Vergils eigene Stimme. Ein Dankbarkeitsgedicht ist diese *1. Ekloge* nicht, denn je mehr das Glück des Tityrus, der bleiben darf, ausgemalt wird, desto stärker hebt sich zwangsläufig das Unglück des anderen, der gehen muß, davon ab. Und jener rettende Jüngling in Rom? Für die zeitgenössischen Leser konnte es keinen Zweifel geben, daß der junge Caesar gemeint war. Es gab damals in Rom keinen anderen, der eine solche Machtfülle besessen hätte, keinen sonst, von dem man eine solche Antwort hätte erwarten können, wie sie der Hirte Vergils erhielt. Es war der Triumvir Octavian, dem die Verwaltung Italiens und die Veteranenversorgung oblag.[57] Es gehört zu den Merkwürdigkeiten der Geschichte, daß Vergil nicht der erste war, der Octavian als göttergleichen Jüngling apostrophierte. «Welcher Gott hat uns damals diesen göttlichen Jüngling [divinum adulescentem] gesandt?» So rief am 1. Januar 43 Cicero im Senat aus.[58] Das Lob war ein Appell: Beschwörend versuchte Cicero – im Innern durchaus nicht überzeugt, wie seine Briefe beweisen – den machthungrigen jungen Mann auf seiten der Republikaner zu halten, indem er ihn auf die Grundsätze römisch-stoischer Staatsethik verpflichtete. Wie jener ideale Staatsmann, dessen Bild er in «de re publica» zeichnet, der uneigennützig zum Wohle der Mitbürger den Staat leitet, so sollte der junge Octavian handeln. Auf diese Rolle suchte Cicero den Caesarsohn in seinen «Philippischen Reden» festzulegen. Aber Octavian verließ die Sache Ciceros und der Republik und rettete seinen Mentor Cicero nicht vor dem Tode.

Vergil hat dies alles gewußt, ja miterlebt, und dennoch träumt auch er wieder den Traum vom göttergleichen Jüngling Octavian. Mit Cicero teilt er den «Erziehungsoptimismus» der Antike. Lehrte nicht die Philosophie, daß die Tugend, das rechte Verhalten, an Erkenntnis gebunden war? Und stellte die Tugend nicht das höchste und erstrebenswerteste Gut dar? Wer sie nicht übte, sondern das Schlechtere wählte, tat dies also aus Mangel an Einsicht. Wurde er belehrt und mit seinem wahren Selbst konfrontiert, mußte er den rechten Weg einschlagen. Ciceros Beispiel hatte freilich gezeigt, daß der Appell an das bessere Ich nicht immer Erfolg hatte. Aber gab es nicht Anzeichen, daß der jugendliche Machthaber solchen Appellen schließlich doch zugänglich sein würde, daß er über den Augenblick hinaus dachte? Er hatte Münzbilder ausgegeben mit dem Bild des segenspendenden Füllhorns, das auf eine neue, glücklichere Zeit verwies, und mit einem Stierkalb – in den Jahren 42 bis 40, als Vergil seine *1.* und *4. Ekloge* schrieb. War dies nur Propaganda, oder versprach der junge Triumvir in der Tat eine bessere Zukunft? Vergil verpflichtete Octavian auf die verheißenen Glückssymbole. Dem Münzbild des Stierkalbs entspricht die Antwort, die er dem jugendlichen, göttergleichen Mann in den Mund legt: *Weidet die Herden und zieht Stiere auf!* Das Füllhorn aber wird ihn bei seiner Vision des göttlichen Kindes und des neuen Zeitalters inspirieren. Man mag sich fragen, ob Vergil hier die Anzeichen jener Wandlung erahnte, die den Bürgerkriegsgeneral Caesar Octavian zum Friedenskaiser Augustus werden ließ. Unbeirrbar und wahrhaft prophetisch legte er dem jungen Triumvirn die Rolle des künftigen Friedensstifters auf.

Im Augenblick freilich mußte Vergils Hoffnung kühn oder gar verzweifelt wirken. Im Sommer 41 hielt Octavian im Perusinischen Krieg ein unbarmherziges Strafgericht über die von ihm eroberte Stadt Perusia (Perugia) ab. Er ließ 300 Bürger wie Opfertiere abschlachten und übergab Perusia den Soldaten zu Mord, Brand und Plünderung. Gab es angesichts einer solchen Greueltat überhaupt noch Hoffnung?

«Quo, quo, scelesti, ruitis? – Wohin, wohin, Verruchte, stürmt ihr? Warum nehmt ihr schon wieder das Schwert in die Hand? Ist denn zu Land und Meer noch zu wenig Römerblut vergossen? Warum geht unsere Stadt durch eigene Hand zugrunde? – So ist es: Ein Verhängnis treibt die Römer, und Frevel des Brudermords, seit das Blut des unschuldigen Remus zur Erde floß, den Enkeln zum Fluch.»[59]

So erhebt Horaz seine Stimme. Er hatte (65 v. Chr. geboren) auf seiten der Freiheitshelden Brutus und Cassius bei Philippi gekämpft. Für ihn, den Besiegten und Enteigneten, brach die Welt zusammen, als die alten republikanischen Tugenden nichts mehr galten. Er sieht im Grauen des Bürgerkriegs einen religiösen Frevel, eine Urschuld, die seit den Tagen des Romulus und Remus auf den Römern lastet. «Nie hat ein auswärtiger Feind Rom zerstören können», sagt er. «Aber wir, verfluchten Blutes Er-

Idealbildnis des Vergil. Anf. 2. Jh. (?). Saal der Philosophen,
Kapitolinisches Museum, Rom

ben, ein ruchloses Geschlecht, wir werden es zugrunde richten, bis Rom
wieder eine öde Stätte, die Wohnstatt wilder Tiere sein wird.»

Für Horaz gibt es keinen rettenden Gott. Aus dem Chaos einer schuld-
beladenen, dem Untergang geweihten Zeit sieht er nur einen Ausweg:
auszuwandern, hinauszusegeln auf den Ozean, um die Inseln der Seligen
zu suchen. Dort hat sich noch ein goldenes Zeitalter erhalten, eine Zu-
flucht für die Frommen. Die Erde schenkt unbearbeitet ihre Frucht, von
selbst kommen die Herden zum Melken, und es gibt weder Raubtiere
noch verderbliche Seuchen. Als vates, als priesterlicher Seher, verkündet
Horaz seine Botschaft. Niemals soll man an Rückkehr denken – dies bekräftigt er mit einem Schwur –, ehe sich nicht der Apennin ins Meer
stürzt, ehe nicht Tiger sich in Liebe mit Hirschen verbinden und Tauben
mit Falken, ehe nicht das Rind vertrauensvoll zum Löwen geht und der
Bock im Meere schwimmt. Das Adynaton besiegelt die Abkehr vom
fluchbeladenen Rom.

Villa des Horaz in den Sabinerbergen

Altera iam teritur bellis civilibus aetas,
  suis et ipsa Roma viribus ruit.
Die zweite Generation schon reibt sich auf in Bürgerkriegen,
  Rom richtet selber sich durch eigene Kraft zugrund.

                    (Horaz, Epode 16, 1f. Übers. v. Bernhard Kytzler)

Auf diesen Anfang der 16. Epode des Horaz antwortet Vergil:
Ultima Cumaei venit iam carminis aetas;
magnus ab integro saeclorum nascitur ordo.
Nun ist gekommen die letzte Zeit nach dem Spruch der Sibylle;
neu entspringt jetzt frischer Geschlechter erhabene Ordnung.

                    (Ekl. 4, 4f. Übers. v. Theodor Haecker)

Den Bildern der Verzweiflung stellt Vergil Hoffnungsbilder entgegen. Nicht auf den Inseln der Seligen, sondern hier und jetzt wird ein neues goldenes Zeitalter beginnen.

Ein Hoffnungsstrahl hatte sich gezeigt, und ein Aufatmen war durch ganz Italien gegangen, als nach dem Perusinischen Krieg eine bewaffnete Auseinandersetzung der beiden Rivalen Marcus Antonius und Octavian im letzten Augenblick verhindert worden war. Die Soldaten – auf beiden Seiten ehemalige Truppen Caesars – weigerten sich zu kämpfen. Sie erreichten es, daß die Feldherrn ein Abkommen trafen. An diesem Friedensvertrag von Brundisium im Jahre 40 hatte Asinius Pollio entscheidenden Anteil. Als der Friede geschlossen war, gab Octavian dem Antonius seine Schwester Octavia zur Frau. Pollio trat sein Konsulat an und gab dem Jahr damit seinen Namen. Vergil widmet ihm die *4. Ekloge*, denn nun soll die neue Weltstunde ihren Anfang nehmen.

Schon kehrt wieder die Jungfrau, Saturn hat wieder die Herrschaft,
schon wird neu ein Sproß entsandt aus himmlischen Höhen.
Sei der Geburt nur des Knaben, mit dem die eiserne Weltzeit
Gleich sich endet und rings in der Welt eine goldene aufsteigt,
Sei nur, Lucina[60], du reine, ihm hold; schon herrscht dein Apollo.

(Ekl. 4, 6ff)

Die neue Ära verkörpert sich in der Geburt und dem Heranwachsen eines göttlichen Kindes. Dike, die jungfräuliche Göttin der Gerechtigkeit, hatte einst wegen der Frevel der Menschen die Erde verlassen. Nun kehrt sie vom Himmel zurück, und es erneuert sich die Herrschaft des Gottes Saturn, der einst das goldene Zeitalter regierte. Der griechische Dichter Hesiod (7. Jh. v. Chr.) hatte die Abfolge der Weltalter dargestellt: Im goldenen Zeitalter des Gottes Saturn (Kronos), des Vaters des Jupiter (Zeus), lebten die Menschen im paradiesischen Urzustand. Die Erde spendete von selbst ihre Gaben, man kannte weder Kampf noch Not, noch Krankheit. Statt des Todes nahm ein sanfter Schlaf die Menschen hinweg und machte sie zu seligen Geistern. Dann aber verschlechterten sich die Zeiten; die Menschen ehrten die Götter nicht mehr und lebten im Streit miteinander. Jetzt aber, sagt Hesiod, lebt ein Geschlecht von Eisen, das weder Tag noch Nacht von Mühsal und Weh verschont ist.[61] Mit diesem griechischen Weltaltermythos verbindet Vergil Vorstellungen aus der Säkularlehre der Etrusker, die in den römischen Staatskult übernommen worden war. Ein saeculum ist danach jeweils ein Zeitalter von etwa 110 Jahren (die längste Zeit, die ein Mensch auf der Erde leben kann). Das Ende des einen Zeitraums und der Anfang des neuen saeculum konnten nicht lediglich durch das Zählen der Jahre ermittelt werden. Es galt, die Zeichen der Götter wahrzunehmen: Naturereignisse wie Blitzschlag, Erdbeben oder das Erscheinen eines Kometen deuteten darauf hin, daß ein saeculum zu Ende gegangen war. Der Beginn eines neuen Zeitalters wurde durch Sühneriten begangen. Durch Opfer und Gebete besänftigte man die Götter und besonders die Schicksalsgottheiten, die Moiren oder Parzen. Man reinigte sich von Verfehlungen und erbat Segen und Heil für das neue Zeitalter. Seit 249 v. Chr. wurde in Rom aus diesem Anlaß eine Jahrhundertfeier begangen, die Säkularfeier. Die Erscheinung eines Kometen im Juli 44 schien auf den Beginn eines neuen saeculum hinzudeuten, der neuentflammte Bürgerkrieg hatte jedoch eine Feier verhindert. Für Vergil erscheint der soeben geschlossene Friede von Brundisium als eine Sternstunde, in der ein neues, glückliches saeculum begonnen werden kann, das zugleich diesen Frieden festigen wird. Weissagungen aus den Sibyllinischen Büchern schienen dies zu bestätigen. Vergil beruft sich auf einen (uns im Wortlaut unbekannten) Orakelspruch der Sibylle von Cumae, der weissagenden Priesterin des Apollo, nahe beim heimischen Neapel (*carmen Cumaeum*, V. 4).

Vergil vom Chorgestühl des Jörg Syrlin d. Ä. im Ulmer Münster,
1469–74

Die *4. Ekloge* als Antwort und Gegenentwurf zu Horaz' 16. Epode: Es
fällt auf, daß Vergil wieder ein negatives, pessimistisches Adynaton in ein
Hoffnungsbild umwandelt, wie er es in seiner *5. Ekloge* beim Tod des
Daphnis im Gegensatz zu Theokrit getan hatte. Ehe sich nicht Tiger mit
Hirschen verbinden und Tauben mit Falken, ehe nicht Rind und Löwe
vertrauensvoll miteinander weiden, will Horaz nicht nach Rom zurückkehren, eine Schwurformel für: niemals. Vergil aber zeichnet mit den
gleichen Zügen sein Bild eines neuen goldenen Zeitalters: Von selbst wird
die Erde Milch und Honig spenden, die Tiere des Feldes werden weder
Löwen noch Schlangen zu fürchten haben, statt Giftkräutern sprießt heil-
samer Balsam hervor. Trauben tragen die Dornen, das Feld bedeckt sich
von selbst mit Ähren. Das neugeborene göttliche Kind aber wird dereinst
in der Kraft des Vaters die befriedete Welt beherrschen (V. 21–30; 17).
Hier erinnert man sich unwillkürlich an den Propheten Jesaia im Alten
Testament. Seine messianische Weissagung lautet: «Ein Kind ist uns ge-

50

boren, ein Sohn wird uns geschenkt, auf seinen Schultern ruht die Weltherrschaft, und sein Name wird sein: Friedensfürst. Dann wohnt der Wolf
bei dem Lamm, der Panther lagert bei dem Böcklein. Kalb und Löwe
weiden gemeinsam, ein kleiner Knabe kann sie hüten. Kuh und Bärin
freunden sich an, ihre Jungen liegen beieinander. Der Säugling spielt vor
dem Schlupfloch der Natter, das Kind streckt seine Hand in die Höhle der
Schlange. Man tut nichts Böses mehr und begeht kein Verbrechen auf
dem heiligen Berg des Herrn.»[62] In einer Zeit der Unruhe und des Krieges, der Verfolgung und Vertreibung (um 730 v. Chr.) hatte der Prophet
eine Vision von Frieden und Rettung, vom Kommen eines Friedensfür-
sten, der Recht und Gerechtigkeit schaffen wird.

Die Ähnlichkeit der Bilder bei Vergil und Jesaia hat im frühen Chri-
stentum zu der Überzeugung geführt, daß auch Vergil in der *4. Ekloge* die
Geburt des Messias prophezeit habe. Bei der Jungfrau, die wiederkehrt
(V. 6), dachte man an Maria, die Jungfrau, die empfangen und einen Sohn
gebären wird, der das Heil bringen soll (Jes. 7, 14). Kaiser Konstantin
trug auf dem Konzil von Nizäa im Jahre 325 eine griechische Fassung der
Ekloge vor und deutete sie als Prophezeiung des Erscheinens Christi.
Gott habe sich auch den Heiden geoffenbart, den weissagenden Sibyllen
und dem größten Dichter der Römer. Auch die Kirchenväter Laktanz und
Augustinus sahen Vergil als Propheten des Messias.[63] Mit dieser christlichen Deutung der *4. Ekloge* wurde Vergil zum «Vater des Abendlandes».
Der Kirchenvater Tertullian nennt ihn eine anima naturaliter christiana,
eine wesensgemäß christliche Seele.

Es ist gut möglich, daß Vergil die Prophezeiungen des Jesaia gekannt
hat. Puteoli, der Hafen bei Neapel, war, wie wir bereits erwähnten, ein
Einfallstor östlicher Ideen. Einer von Vergils Lehrern, der Philosoph Philodem, stammte aus Gadara in Judäa und mag von messianischen Weissagungen erzählt haben. Solche Prophezeiungen waren auch in helleni-
stisch-jüdischen Sibyllenorakeln im Umlauf. Bei Jesaia findet sich auch
der sonst nicht belegte Zug der Ekloge, daß bis zum Heranwachsen des
Knaben noch mancherlei Drangsale zu erleiden seien.[64] Aus der Bedrängnis der Zeit erwachsen die Visionen des Jesaia wie des Vergil. Beide
wollen keinen Rückzug in poetische Träume, sie stellen vielmehr hoffend
und mahnend Bilder archetypischer Humanität vor Augen. Die *4. Ekloge*
erscheint als ein Hoffnungsbild, gemalt auf jenen Goldgrund utopischer
Hoffnung, auf den «all unsere gutmachenden Taten, der Auftrag voll-
endeter Kunstwerke und alle nicht abgöttischen, sondern menschhalti-
gen, Heil formenden Religionsbilder aufgetragen sind» (Ernst Bloch)[65].
Auf diesem Goldgrund der Hoffnung, die fordert, daß das Utopische
nicht «ortlos» (u-topisch) bleibt, erscheint die geheimnisvolle Gestalt des
neugeborenen Kindes, die der Welt seit jeher Rätsel aufgegeben hat. Ist
es das Kind des Konsuls Pollio, dem die Ekloge gewidmet ist? Aber wie
soll für einen Sohn des politisch doch zweitrangigen Pollio gelten, daß er
das Leben der Götter teilen und die befriedete Welt regieren werde? Ist es
ein erwarteter Sohn aus der soeben geschlossenen Verbindung des Antonius und der Octavia? Oder ein Kind aus der ersten Ehe des Octavian?

Beiden Ehen entstammte jedoch kein Sohn. Sollte mit dem Knaben auf Octavian selbst angespielt sein? Es spricht in der Tat vieles dafür. Es gab Weissagungen aus dem Geburtsjahr des Octavian, die einen Weltherrscher ankündigten[66], aber man kann auch an Eindrücke aus mehreren Sphären denken, die Vergil in dichterischer Schau verband. Hoffnungsvoll und zuversichtlich antwortet er auf Lukrez und dessen düsteres Bild vom Niedergang der Welt. Die Zeiten verschlechtern sich, hatte Lukrez gesagt, und es wird kein Geschlecht der Menschen an goldener Kette vom Himmel herabgelassen.[67] Bei Vergil aber wird ein neues, hoffnungsvolles Geschlecht vom Himmel herabgesandt. Der neugeborene Knabe ist der Retter und der erste Bürger des neuen Zeitalters. Die Parzen, die Schicksalsgöttinnen, weissagen seinen künftigen Lebensweg, wie sie bei Catull die Geburt und die ruhmvolle Laufbahn des Achilleus künden.[68]

Auch Theokrit erzählt von der glückbringenden Geburt eines göttergleichen Knaben. Er meint seinen Landesherrn, Ptolemaios II. Philadelphos. «Sei gegrüßt, Knabe», erklingt der Jubel über den künftigen König,

Ludger tom Ring d. Ä. (1496–1547): Vergil als Prophet und Gelehrter. Westfälisches Landesmuseum Münster

Füllhorn und Stierkalb. Aurei des Zweiten Triumvirats, 42–40 v. Chr.

den Zeus über ein Land des Reichtums, der Fülle und des Friedens herrschen lassen wird.[69]

Das Bild eines Kindes, das Fülle und Segen mit sich bringt, war Vergil
auch von Münzbildern her vertraut. Die Triumvirn hatten eine Münze mit
dem Füllhorn ausgegeben; daneben gab es auch Münzdarstellungen, auf
denen ein Kind dem Füllhorn entsteigt, wie eine Elfe aus einem Blüten-
kelch. Es ist der Aion, ein orientalisch-hellenistischer Weltaltergott, der
sich stets erneuert und daher ewig ist. An seinem Geburtstag, am Neu-
jahrstag, huldigte man in Ägypten gleichzeitig dem Herrscher als dem
Stellvertreter des heilbringenden Aion.[70]

In der Gestalt des Götterkindes fließen also symbolische und konkrete
Züge zusammen. Vergil beläßt ihr die Aura des Geheimnisvollen und
überträgt auf sie die Hoffnung und Sehnsucht einer erlösungsbedürftigen
Zeit und seine eigenen, hochgespannten Erwartungen. Diese gehen weit
über die Forderungen der *1. Ekloge* hinaus. Nicht nur friedliche Zustände
in Italien sehnt der Dichter herbei, sondern eine allumfassende Erneuerung, eine Zeitenwende.

Aufnahme in den Kreis des Maecenas

Vergil war nicht nur vates, priesterlicher Seher und Künder, sondern auch poeta, Mitglied der römischen Dichterzunft. Die zeitlich letzten *Eklogen 8* und *10* zeigen, daß er mit großer Meisterschaft neben den geistigen Anliegen seiner Zeit auch die literarischen Themen der Gegenwart aufgriff. Theokrit hatte neben den Gedichten aus dem Milieu der Hirten auch Alltagsszenen beschrieben, die sich wegen ihrer lebendigen Dialogform großer Beliebtheit erfreuten. Vergil greift eine solche Szene auf: die Schilderung eines Liebeszaubers. Ein Mädchen versucht, durch geheimnisvolle Zeremonien den untreuen Liebhaber wieder zurückzugewinnen. Bei Theokrit muß die Verliebte zum Schluß ihren Kummer weitertragen, der Liebste zeigt sich nicht. Vergils Liebeszauber endet in der Stimmung eines Sommernachtstraums: *Glauben wir nur, oder bilden die Liebenden selbst sich ihr Traumbild?* So fragt das Mädchen, als sie – und der Leser in seiner Phantasie – den Geliebten auf einmal kommen sieht.[71]

Die *8. Ekloge* ist wie die *4.* Asinius Pollio gewidmet. Er war nicht nur Feldherr und Politiker, sondern auch Dichter und Schriftsteller, und er stiftete in Rom die erste öffentliche Bibliothek, in der auch Lesungen abgehalten wurden. Stolz bemerkt Vergil, daß Pollio sich dieses Gedicht von ihm gewünscht habe: *Nimm diese Verse, auf dein Geheiß hin begonnen!*[72] Damit ist nicht gesagt, daß die gesamte Hirtendichtung Vergils auf Pollios Betreiben, sozusagen auf Bestellung, entstanden sei. Solche Hinweise – das gilt auch später für Vergils *Georgica* – dienen der dichterischen Legitimation, ohne daß man dabei an eine Abhängigkeit im Sinne einer Auftrags- oder Hofpoesie denken muß. Die römische Literatur dieser Zeit ist noch jung; sie fühlt sich im Schatten der Griechen stehend und noch keineswegs als «augusteische Klassik». Wer sich damals in Rom für Literatur interessierte, las die Griechen. Sie waren die Meister aller Gattungen (Cicero mußte sich wortreich dafür entschuldigen, daß er die Philosophie auf lateinisch darstellte). Für die Hirtendichtung gab es Theokrit – wenn man da einen römischen Poeten namens Vergil lesen sollte, bedurfte es schon einer Empfehlung durch einen literarischen Kenner wie Pollio. Man sieht, eine solche «Rückendeckung» stärkte nicht nur das Selbstbewußtsein des Poeten, es verhalf ihm überhaupt erst zu Verlegern und Lesern.

Auch die *10. Ekloge*, die Vergil als seine letzte bezeichnet, gibt einen Einblick in die römische «Literaturszene». Vergil hat sie seinem Dichter-

Vergil, Zeichnung Raffaels. Venedig, Akademie der Schönen Künste

freund C. Gallus gewidmet, der auch ein Freund des Pollio war. Gallus
hatte nach dem Vorbild des alexandrinischen Poeten Euphorion die Liebeselegie als neue literarische Gattung in Rom heimisch gemacht. Leider
sind seine Gedichte nicht erhalten. Vergil läßt Gallus selbst auftreten; wie
der liebeskranke Daphnis bei Theokrit, so leidet Gallus, der göttliche
Dichter (*divinus poeta*, V. 17) an unerfüllter Liebe. Im Hirtenland Arkadien erzählt Gallus von seiner ungetreuen Geliebten Lycoris, deren Namen er in die Rinden der Bäume einschneiden will, damit die Liebe mit
den Bäumen wächst. Nie wird sie enden, auch wenn er in froststarrende
Klüfte oder in hitzeflimmernde Wüsten flieht.

Omnia vincit Amor, et nos cedamus Amori
Amor ist überall Herr, so laßt uns weichen dem Amor! (Ekl. 10, 69)

Tibull und Properz nehmen diese Motive später in ihre Liebeselegien
auf; sie sehen Gallus als ihren Meister an. Vergil verbindet die elegische
Welt mit der bukolischen; er huldigt Gallus, läßt dessen Verse und Themen anklingen[73] und bringt das große Thema der Liebesleidenschaft in
seine Dichtung ein. Aber er identifiziert sich nicht mit dem allzu empfind-

samen Poeten, der sich seiner Passion hingibt. Bedachtsam schließt Vergil den Rahmen seines Gedichts:

Stehen wir auf! Gefährlich ist meist den Sängern der Schatten,
Gift der Wacholderbuschschatten, den Früchten auch schadet der Schatten.
Geht, der Abendstern blinkt, geht, meine Ziegen!

(Ekl. 10, 75 ff)

«Weichheit, Anmut und Leichtigkeit schenkten Vergil die Musen, die an Feld und Flur sich freuen.» So urteilte Horaz über die Hirtengedichte Vergils, die im Jahre 39 veröffentlicht wurden.[74] Sie waren sogleich ein großer Erfolg und wurden im Theater vorgetragen. Hierfür eigneten sich vor allem die typischen Hirtenlieder im Wechselgesang, wie die *2., 3., 5., 7.* und *8. Ekloge.* Man fand hier die aus dem Griechischen bekannte und beliebte Hirtenwelt, dargestellt in einer meisterhaften römischen Dichtersprache, die den Versen einen eigenen Stimmungsgehalt, Beseelung und Musikalität verlieh. Die Hirten konnten nun wahrhaft singen, und es war erst anderthalb Jahrzehnte her, daß sich Lukrez über die Armut der lateinischen Sprache beklagt hatte. Das Publikum feierte seinen Dichter begeistert, als es ihn einmal im Theater entdeckte. Man erhob sich und brachte ihm Ovationen dar wie sonst nur dem Imperator Caesar Octavian. Die Freude und der Stolz, den die Römer empfanden, daß nun auch ein römischer Dichter formvollendet «Thyrsis und Daphnis zum Klang lieblicher Flöten besingt», ist in den rühmenden Worten des jüngeren Dichterkollegen Properz deutlich spürbar. Vergil selbst spricht vom kühnen Wagemut der Jugend, mit dem er die Hirtengedichte verfaßt habe; ebenso rühmt er sich, es als erster gewagt zu haben, die Musen vom Helikon, dem griechischen Musenberge, herabzuleiten und das griechische Lehrgedicht in die römische Literatur einzuführen. Man hat den kühnen Wagemut Vergils politisch deuten wollen.[75] Die Parallelstellen bei Vorgängern und Zeitgenossen Vergils, in denen von einem Wagnis die Rede ist, das der Dichter auf sich nimmt, zielen jedoch eindeutig auf literarischen Wagemut, mit dem ein Autor eine neue Dichtungsgattung ins Römische einführte. Wir müssen die aemulatio, das Bestreben, den Griechen geistig ebenbürtig zu werden, als Antriebskraft ernst nehmen und dürfen den Vergil jener Jahre noch nicht als den Klassiker sehen, als der er sich uns – als Dichter der *Aeneis* – heute darbietet. Er und seine Freunde waren erst auf dem Wege zum Parnaß, und dieses Bewußtsein gab der Zeit auf literarischem Gebiet eine eigene Dynamik.

Vergil lebte während der Abfassungszeit der Hirtengedichte weiterhin in Kampanien, am Golf von Neapel. Von seinem ruhigen, zurückgezogenen Leben spricht er am Ende der *Georgica*, in den Versen, mit denen er seiner Dichtung ein Siegel (Sphragis) aufdrückt und sie als Einheit sieht:

Mich, den Vergil, ernährte in Huld Parthenope damals,
Da mir, fern von Ruf und Ruhm, aufblühte die Dichtung.
Hirtengedichte ersann ich im Spiel, mit dem Mute der Jugend,
Tityrus, sang ich von dir unterm Dach breitästiger Buche.

(Georg. IV 563 ff)

Maecenas, vom Relief der Ara Pacis (Altar des Friedens) in Rom, 9 v. Chr.

So sehr Vergil auch sein Mantua liebte, er scheint doch nicht dorthin zurückgekehrt zu sein. Das Klima Kampaniens war seiner schwachen Gesundheit wohl zuträglicher als Oberitalien mit seinen rauhen Wintern und Mantua mit seinen Sumpfgebieten, wo zu heißen Sommerszeiten Fieber aus den Wassern steigt, wie Dante seinen Vergil sagen läßt.[76] Wir werden annehmen, daß er für sein Ackerland eine Entschädigung erhalten hatte, und zwar durch die Erträge eines Gutes bei Neapel, die ihm eine gesi-

Die Säule bezeichnet das Ende der Via Appia in Brindisi, dahinter das sogenannte Haus des Vergil, in dem er gestorben sein soll

cherte Existenz ermöglichten. So lebte ja auch Horaz von seinem kleinen Gut in den Sabinerbergen, das ihm Maecenas geschenkt hatte.

Maecenas, jener bemerkenswerte Mann, dessen Name zum Inbegriff des Förderers der Künste geworden ist – er trat nun in Vergils Leben. C. Cilnius Maecenas stammte aus der alten Etruskerstadt Arretium (Arezzo). «Maecenas atavis edite regibus – Maecenas, aus altem königlichen Geschlecht», nennt ihn Horaz am Anfang seiner Oden. Nach allem, was wir von ihm hören, glich er jenen Männern auf etruskischen Sarkophagen, die sich, mit einem Blumenkranz um den Hals und eine Trinkschale in der Hand, in vornehmer Gelassenheit zum Bankett gelagert haben. Er liebte Musik und Poesie, erlesenen Luxus, war sensibel, großzügig und liebenswürdig. Aber wie bei seinen etruskischen Ahnen verbarg sich hinter dieser décadence eine scharfe Intelligenz und eine instinktive politische Begabung. Schon seit seiner Jugend war er mit Caesar Octavian befreundet; er hatte dessen Aufstieg vom vaterlosen Studenten zum Triumvirn des römischen Reiches tatkräftig unterstützt und wurde zur grauen Eminenz des späteren Augustus. Öffentliche Ämter und den Senatorenrang lehnte er ab, er blieb im römischen Ritterstand, lebte zurückgezogen, aber stets bereit, mit Rat und Tat einzugreifen, vor allem während der Abwesenheit des Octavian von Rom. Maecenas dichtete selbst [77]; er schuf sich einen Dichterkreis, wie wir ihn in Rom schon bei den Neoterikern erleben konnten. Es gab damals außer dem Freundeskreis um Catull noch andere Kreise, in denen sich Dichter unter dem Patronat eines vornehmen Gönners zusammenschlossen, so der Kreis des Messalla, in dem die Elegie (Tibull) gepflegt wurde.

Von der Dichterpatronage früherer Zeiten (z. B. Ennius im Scipionenkreis) unterscheiden sich die augusteischen Dichterkreise durch den höheren sozialen Status der Dichter und die inzwischen fortgeschrittene Anerkennung der Dichtung. Sie gilt nun als eine ars libera, eine Kunst, die man als freier Mann ausüben durfte. Maecenas fühlte sich nicht als Patron, sondern als Anreger und Kritiker, der mit seinen Dichtern von gleich zu gleich verkehrte und ihnen freundschaftlich verbunden war. Als Vergils Eklogen im Buchhandel erschienen waren und auf dem Theater vorgetragen wurden, zog Maecenas den Dichter in seinen Kreis. Vergil war nun bekannt und berühmt, und Maecenas bevorzugte Poeten, die bereits eine Probe ihres Talents abgelegt hatten. [78] Um den Dichter in Rom zu halten, stellte er ihm in seinen Parkanlagen auf dem Esquilin ein Haus zur Verfügung. Dort konnte er bei seinen Aufenthalten in der Stadt wohnen und arbeiten. Hier wird Vergil auch Caesar Octavian getroffen haben, der öfters in den Gärten des Maecenas bei Sommerhitze und Krankheit Ruhe und Erholung suchte.

Vergil führte Horaz in den Maecenaskreis ein; er war mit dem fünf Jahre jüngeren Dichter spätestens seit 41/40 bekannt und befreundet, als er in seiner *4. Ekloge* auf dessen 16. Epode geantwortet hatte. Horaz berichtet selbst von dieser Einführung, die allen dreien Ehre machte: ihm selbst, Vergil und Maecenas. «‹Ich bin nur der Sohn eines Freigelassenen›, sagt Horaz in seinem Gedicht zu Maecenas. ‹Aber du, der du von hohem Adel bist, hast mich deiner Freundschaft gewürdigt, und wie man weiß, wählst du mit Bedacht nur die Würdigen aus, ohne schimpfliche Ehrsucht.› Horaz fährt fort [79]: ‹Kein Zufall brachte mich mit dir zusammen; Vergil, der Allerbeste [«optimus Vergilius», V. 54f], hat dir zuerst gesagt, was an mir ist, dann Varius. Als ich zu dir kam, brachte ich nur ein paar stockende Worte hervor, die Scheu hinderte mich, mehr zu sagen. Ich hatte nichts zu erzählen von einem edlen Vater, nichts davon, wie ich auf stolzem Roß über meine weiten Güter reite – ich erzählte einfach, wer ich war. Du antwortetest, wie es deine Gewohnheit ist, nur weniges, ich ging, und neun Monate später ludest du mich ein und fordertest mich auf, ich solle mich zu deinen Freunden zählen. Das halte ich für etwas Großes, daß ich dein Wohlgefallen fand – du weißt Wert und Unwert zu scheiden, nicht nach einem berühmten Vater, sondern nach einem ehrenhaften Leben und einem reinen Herzen. Und wenn ich diesen Anforderungen entspreche, so ist das meines Vaters Verdienst, des Freigelassenen. Er hat mich gelehrt, Geld und Gut geringzuachten, frei von Sorgen und Ehrgeiz zu leben und in bescheidenen Lebensumständen die Muße zu genießen. Auf diese Art lebe ich glücklicher, als wenn es meine Ahnen bis zum Senatorenrang gebracht hätten und ich nun auch im Gedränge des Forums nach Ämtern und Würden jagen müßte.›»

Diese Selbstvorstellung des Horaz zeigt ihn als einen Seelenverwandten des Vergil. Beide waren Anhänger eines moderaten Epikureismus und liebten die Natur und das einfache Leben auf dem Land. Horaz war glücklich und zufrieden auf seinem kleinen Sabinergut, das ihm Stille und Naturnähe schenkte, und Vergil fühlte sich am wohlsten in seinem Häuschen bei Neapel. Dabei lebten aber beide Dichter nicht im elfenbeinernen Turm, sie nahmen nicht nur Anteil an der Welt, sondern auch Stellung zu den Problemen der Zeit, wie wir es bereits in den Epoden des Horaz und in den *Eklogen* Vergils gesehen haben. Es war eine «Sternenfreundschaft» wie zwischen Goethe und Schiller, die beide Dichter inspirierte und in ihrem dichterischen Selbstverständnis bestärkte. «Animae dimidium meae», die andere Hälfte meiner Seele, nennt Horaz seinen Freund.[80]

Im Jahre 37 machen Vergil und Horaz mit Maecenas zusammen eine Reise, die Horaz als «Iter Brundisium» in einem Gedicht verewigt hat. Maecenas reist in diplomatischer Mission, «geübt darin, entfremdete Freunde wieder zu versöhnen»: Das durch den Friedensvertrag des Jahres 40 neu geschlossene Bündnis zwischen Antonius und Caesar Octavian zeigte inzwischen gefährliche Risse. Im Ton der Satire plaudert Horaz über die Beschwerlichkeiten der Reise, boshaft nimmt er die Mitreisenden aufs Korn, aber als von Neapel aus Vergil eintrifft, ändert sich sein Ton: Es ist ihm ein Tag höchster, innigster Freude, und er preist die «anima candida», die reine Freundesseele seines Vergil, dem er sich treu ergeben weiß. Als man in Capua Quartier bezogen hat, geht Maecenas, um sich Bewegung zu verschaffen, zum Ballspiel. Vergil und Horaz legen sich nieder: Horaz hat eine Augenentzündung und trägt sich Salbe auf, Vergil aber leidet am Magen. Dies war ein häufiges Übel bei ihm, wie wir aus den Viten wissen. Er nahm stets nur wenig Speise und Trank zu sich. Schlechtes Wasser unterwegs und der Schirokko plagen die Reisegesellschaft. Man ist froh, einmal im Landhaus eines Bekannten nächtigen zu können anstatt in den unbequemen Herbergen an der Straße. Endlich ist Brundisium erreicht, «Ziel der langen Reise und eines langen Gedichts».

Aus wenigen Einzelzügen formt sich ein Bild Vergils. Er ist die lautere, treue Freundesseele, die dem Spötter Horaz so zarte, innige Töne abgewinnt, der Mann mit der schwachen Gesundheit, der es sich dennoch nicht nehmen läßt, die Freunde zu begleiten und Maecenas bei seinem prekären Vermittlerdienst Rückendeckung zu geben, und der Dichter, der im Kreise Gleichgesinnter Liebe und Anerkennung genießt.

Saturnische Erde

Maecenas ermunterte Vergil, auf dem bisher beschrittenen Weg weiterzugehen. Die Gattung der Hirtenpoesie hatte Vergil zur Vollendung gebracht und hinter sich gelassen. Das große, das vergilische Thema aber war das Land gewesen. Land und Natur waren für Vergil mehr als ein locus amoenus, eine anmutige Szenerie für eine empfindsame Selbstbespiegelung. Die Hirtenlandschaft war für ihn zu seinem Italien geworden: das Land mit Weiden, Kornfeldern und schattigen Bäumen, aber auch das Land, über das der vertriebene Meliboeus mühselig seine Ziegen treibt.

Das Land ist auch das Thema von Vergils nächstem Werk.

Was uns üppige Saaten erwirkt, welcher Stern uns die Erde pflügen heißt, Maecenas, an Ulmen binden die Reben ... davon singe ich jetzt.

So beginnt Vergil sein Gedicht vom Landbau (*Georgica*), ein Lehrgedicht in vier Büchern. Das erste umfaßt die Arbeiten des Landmannes im Rhythmus der Jahreszeiten, Feldbestellung und Wetterkunde. Das zweite Buch ist dem Weinbau, der Pflege der Bäume und der Bodenkultur gewidmet. Dann folgt die Viehzucht, und das vierte Buch schildert die wundersame Welt der Bienen. Für diesen Stoff hatte Vergil Vorgänger in der hellenistischen Dichtung, so zum Beispiel die «Phainomena» (Himmelserscheinungen) des Arat (3. Jh. v. Chr.) oder die Werke des Nikander aus Kolophon (2. Jh. v. Chr.). Diese Autoren schrieben jedoch nicht aus einer Liebe zum Landleben heraus; man wählte damals mit Vorliebe abgelegene und «unpoetische» Themen, um seine dichterische Virtuosität um so heller ins Licht zu rücken.[31] Vergil aber hat ein höheres Ziel; er greift über das engbegrenzte alexandrinische Kunstideal hinaus und wendet sich zurück bis zu den griechischen Klassikern. Unbetretene Pfade will er wandeln, so kündigt er an. Er will es wagen, geheiligte Quellen altberühmter Weisheit neu zu erschließen und in römischen Landen ein *Ascraeum carmen* zu singen.[82] Damit beruft sich Vergil auf Hesiod aus Askra in Böotien, der um 700 v. Chr. das Lehrgedicht im episch-hexametrischen Stil geschaffen hatte. Hesiod, der in der Wertschätzung der Griechen gleich nach Homer kam, hatte als erster Dichter von sich selbst gesprochen und von seiner Dichterweihe erzählt, als ihn die Musen beim Weiden der Schafe am Berge Helikon besuchten. In seinen «Erga», den «Werken und Tagen», führt er die Welt der Bauern vor, gibt Regeln und Ratschläge für Saat und Ernte. Aber die «Erga» sind mehr als ein Bauern-

Apotheose des Vergil. Miniatur des Simone Martini da Siena
(um 1284–1344) aus der Vergil-Handschrift Francesco Petrarcas.
Bibliotheca Ambrosiana, Mailand

kalender. Hesiod will seinen Bruder, der ihn in einem Rechtsstreit über-
vorteilt hat, belehren, daß das Leben von Gerechtigkeit getragen sein
muß, von ehrfurchtsvoller Scheu gegenüber den erhabenen Mächten des
Kosmos. Dann bringt die Arbeit Segen und Gedeihen. Hesiod durch-
wirkt sein Gedicht mit alten Mythen und eigenen Gedanken; er erzählt
vom Raub des Feuers durch Prometheus, von der Büchse der Pandora,

den Weltzeitaltern (vgl. S. 49) und formuliert Gedanken wie: «Vor den Erfolg haben die Götter den Schweiß gesetzt», und: «Armut schändet nicht, wohl aber Faulheit.» Außerdem unterscheidet er die gute und die böse Eris, den Streit als fruchtbaren Wettbewerb, nicht nur als zerstörerischen Hader. In diesen Zügen offenbart sich der Wille Hesiods, im bäuerlichen Umkreis das Leben und die Welt zu spiegeln. Darin will Vergil dem alten Dichter nachfolgen, im Ethos und in der Schau eines sinnerfüllten menschlichen Lebens. So gibt es auch bei ihm Partien, die schildernd und reflektierend über den rein stofflichen Zusammenhang hinausgehen. Mit diesen sogenannten Exkursen, die aber nicht weg-, sondern gerade zum Kern des Werkes hinführen, läßt sich eine Lektüre der *Georgica* beginnen. In den folgenden Stücken gibt Vergil Ausblicke auf die Ordnung der Welt und des Menschenlebens: die Stiftung der Arbeit (I 118–159), der Preis des Landlebens (II 458–540), das Lob Italiens (II 136–176) sowie der Epilog des 1. Buches: Bürgerkriegsnot und Hoffnung auf Octavian (I 466–514).

Vergil fragt wie Hesiod: Woher kommt die Arbeit, die tägliche Mühe und Plage? Einst, im goldenen Zeitalter, gab es ja weder Ackerbau noch Eigentum. Allen gewährte die Erde alles von selbst, und die Menschen lebten ohne Arbeit und Not. Dann aber kam die Vertreibung aus dem Paradies. Hesiod sagt[83]: Die Götter verbargen den Menschen ihren Lebensunterhalt. Denn Zeus zürnte, da Prometheus das Feuer geraubt und es den Menschen gebracht hatte. Zur Strafe schickte Zeus das Truggeschöpf Pandora mit dem Krug voller Übel. Seitdem gibt es Krankheit, Mühsal, Not und Tod, und es gibt die Arbeit, die die Götter den Menschen zugeteilt haben. Auch Vergil sieht eine Abfolge vom goldenen Zeitalter, da die Erde alles von selbst hervorbrachte, zur Gegenwart, da der Mensch mühsam den Acker bestellen muß. Diese Mühsal erscheint ihm jedoch keineswegs als Strafe:

... So wollt' er es selbst, der
Vater, daß Landbau nicht leicht sei, und er war der erste, der künstlich
Boden bewegt hat, den Geist der Sterblichen schärfend durch Sorgen,
der auch nicht litt, daß sein Reich in dumpfem Schlafe verdämmre.

(Georg. I 121 ff. Übers. v. Manfred Fuhrmann[84])

Der höchste Gott selbst ließ den Überfluß versiegen, damit der Mensch aus der Not heraus seinen Geist anstrengen und mancherlei Künste erfinden mußte, um den Mangel zu beheben. So entstand die Kultur mit ihren Techniken: Ackerbau, Jagd, Fischfang, Seefahrt, Eisengewinnung. Der *labor improbus* besiegte alles, die mühsame, unablässige Arbeit. Sie ist nicht nur nötig, um neue Künste zu entwickeln, sondern auch um der Entartung und Schädigung der gewonnenen Güter entgegenzuwirken. Das menschliche Leben erscheint im Bilde eines Mannes, der stromaufwärts rudert. Läßt er nur für einen Augenblick die Arme sinken, reißt ihn die Strömung sogleich zurück. Vergil bejaht diesen Zustand der Arbeit und Mühe; immer wieder erscheint in den *Georgica* das Motiv des *labor*, der mühevollen Arbeit als Voraussetzung für alles Gelingen und Gedei-

Hesiod aus dem Monnusmosaik von Trier. 3./4. Jh., Trier, Landesmuseum

hen. Wertet er damit nicht das goldene Zeitalter ab, das er in der *4. Ekloge* in solch leuchtenden Farben malte? Die Diskrepanz erweist den Modellcharakter sowohl der goldenen saturnischen wie auch der eisernen Jupiterzeit. Vergil will jeweils in paradigmatischen Bildern auf einen wünschenswerten Lebenszustand hinweisen und schafft aus mythisch-symbolischen Zügen einen eigenen dichterischen Kosmos. Während es in der *4. Ekloge* um die Grundbedingung eines neuen Lebens, um den Frieden, ging, wird hier nach der sinnerfüllten Existenz des Menschen gefragt. Im paradiesischen Urzustand, einem Schlaraffenland, in dem alles ohne Mühe erreichbar ist, könnte der Mensch nach Vergils Überzeugung auf die Dauer nicht glücklich sein. Die menschliche Existenz ist auf Erprobung ihrer Kräfte, auf Anspannung und Leistung, gegründet. Eine durchaus zeitgemäße Vorstellung, ist doch die maschinengesteuerte «schöne neue Welt», die dem Menschen jegliche Mühe abnimmt und ihn mit Genüssen übersättigt, inzwischen vom Wunschbild zum Alptraum geworden. Die Arbeit des Bauern erscheint Vergil als exemplarische menschliche Tätigkeit, da sie sich innerhalb der ewigen Ordnung der Natur vollzieht, geprägt vom steten Rhythmus des Gebens und Empfangens. So wird die Erde *die allgerechte* genannt: *iustissima tellus*[85], da sie auf die Saat die Ernte, auf das Pflanzen das Wachstum und die Frucht folgen läßt.

Sie belohnt die stete Mühe und ist ein Hort einträchtigen gemeinsamen Lebens. In seinem Preis des Landlebers schildert Vergil den Gegensatz zwischen dem stillen Glück eines zurückgezogenen Lebens auf dem Lande und dem unruhigen Getriebe der Stadt. (Horaz hat das Motiv in seiner Fabel von der Stadt- und Landmaus ins Heitere gewendet.) Hier auf dem Land kann man noch genügsam und fromm leben wie einst im goldenen Zeitalter. Die Herrschaft des Saturn kehrt wieder, so hatte Vergil in seiner *4. Ekloge* verkündet. Nun weist er darauf hin, daß Saturn seit altersher in Italien heimisch ist, und verbindet so die Welt der *Georgica* mit der arkadisch-paradiesischen der *Eklogen*. Der Gott Saturn war nämlich, von Jupiter vertrieben, nach Italien gekommen und hatte hier eine milde, friedvolle Herrschaft errichtet. Deshalb ist hier saturnisches Land, in dem noch Spuren des goldenen Zeitalters zu finden sind. In einfacher, ländlich-frommer Gesinnung wuchs einst die altitalische Jugend auf, die Sabiner, ein Romulus und Remus. Hier liegen die Wurzeln von Roms Kraft, in der ländlichen Erde, die Vergil als *Saturnia tellus*, als *Mutter der Feldfrucht* und *Mutter tüchtiger Männer* preist.[86]

In seinem Lob Italiens gibt Vergil seiner Heimat den Vorzug vor allen anderen Weltgegenden. Italien ist ihm das «Land der Mitte und des Maßes»[87]. Zwar fließt kein Gold in seinen Flüssen, es duftet kein Weihrauch wie in den fernen Ländern des Ostens, dafür gibt es aber auch keine reißenden Tiger und Löwen, keine Riesenschlangen und Giftkräuter. Italiens Klima ist heiter und fruchtbar, aber sein größter Reichtum ist ein kraftvoller Menschenschlag.

In der Gegenwart aber bietet Italien kein Bild saturnischen Friedens. Vergils Freund Asinius Pollio hatte im Jahre 43 die vastitas Italiae beklagt, die Verödung des Landes, das durch den ständigen Aderlaß der Kriege die Tüchtigkeit seiner Männer und die Kraft seiner Jugend eingebüßt habe.[88] Inzwischen waren weitere Kriegsjahre ins Land gegangen, und Italien bot in Vergils Augen ein wahrhaft trostloses Bild. Die Äcker starren vor Unkraut, sie sind ohne Pflege, denn die Bauern sind entweder im Krieg gefallen oder enteignet worden. Der Pflug wird nicht geehrt, die Sicheln sind zu Schwertern geschmiedet worden. Die Furie des Bürgerkriegs regiert die Welt.[89]

In den Jahren nach 37, als Vergil die Arbeit an den *Georgica* begann, fand der Sizilische Krieg statt, eine Auseinandersetzung zur See zwischen Octavian und Sextus Pompeius, dem Sohn des Pompeius Magnus. Danach folgten Jahre des «Nichtkriegs» für Italien. Antonius stand mit seinen Armeen im Osten, und Octavian zeigte sich bemüht, als Schutzherr Italiens die schlimmsten Wunden zu heilen. Er traf ein weiteres Abkommen mit Antonius in Misenum, wo die aus ganz Italien zusammengeströmte Bevölkerung einen so lauten Schrei nach Frieden ausstieß, daß die Berge widerhallten.[90] Ein Hoffnungsstrahl leuchtete auf, und wie Vergil beim Frieden von Brundisium seine Zukunftsvision der *4. Ekloge* entworfen hatte, so fühlte er sich nun darin bestärkt, sein Lehrgedicht von der Erde zu schreiben. Die verödeten Äcker sollten wieder gepflegt werden, damit die Spuren des saturnischen Lebens sichtbar würden. Und es soll

Weinbau in Kampanien

nicht mehr geschehen, daß der Bauer beim Pflügen auf rostige Waffen und Totengebein stößt, wie auf den Fluren von Pharsalos und Philippi. Widernatürlich ist dies, ein Zeichen für ein *eversum saeculum*[91]: Die Welt ist aus den Fugen. Wer vermag hier Hilfe zu bringen? Vergil setzt seine Hoffnung auf Octavian, der den Bauern die Zusicherung gab, wieder Vieh weiden und aufziehen zu können. So ruft er die Götter an:

Stammväter, Vaterlandsgötter! Du, Romulus, du, Mutter Vesta,
die du den uralten Tiber und Roms Palatium schirmest,
diesen Herrscher im Jugendglanz, wollt ihn doch nicht hindern,
Retter zu sein der zerrütteten Welt. Wir büßten doch wahrlich
übergenug den lastenden Fluch für trojanischen Meineid.

(Georg. I 498ff)

Wie Horaz in den Epoden, so gebraucht auch Vergil für den immer neu ausbrechenden Bürgerkrieg die Metapher eines Geschlechterfluchs, einer Erbschuld, die bis zu den trojanischen Ahnen Roms zurückgeht. Die Verknüpfung von Rom und Troja erscheint nicht im Bilde einer heroischen Genealogie, sondern als düsteres Symbol für den Zustand einer ewig fortzeugenden Schuld und Befleckung, der äußeren wie der inneren Zerstörung und Verwüstung. Die Leiden des Krieges und das Grauen vor dem, was geschehen war, riefen ein allgemeines, immer stärker werdendes Verlangen nach Entsühnung und Heilung hervor, das sich auf Caesar Octavian richtete. Vergil hatte bereits im Jahre 41 den jungen Triumvirn auf die Rolle des Friedensstifters verpflichtet; er nimmt ihn nun auch in den *Georgica* als Schutzpatron des Landes in Anspruch. Durch sein Friedensregiment soll der junge Caesar, gemeinsam mit den ländlichen Göttern, der Erde neue Fruchtbarkeit schenken.

Die vier Ausblicke: Stiftung der Arbeit, Preis des Landlebens, Lob Italiens, Bürgerkriegsnot und Friedenssehnsucht, öffnen den Blick auf die Aussage des Lehrgedichts. Es geht Vergil, dem Bauernsohn aus Mantua, zunächst ganz konkret um eine Regeneration des Landes, eine erneute Wertschätzung des bäuerlichen Lebens. Darin stimmte er, der Dichter, mit dem Fachschriftsteller M. Terentius Varro überein, der zur gleichen Zeit als Achtzigjähriger sein Werk «De re rustica» («Von der Landwirtschaft») schrieb. Er ermuntert darin die Besitzer von Landgütern, ihren Besitz wieder selbst zu verwalten und nicht nur deren Einkünfte zu verzehren. Varro gab selbst ein Beispiel für ein solches Leben, das utilitas und voluptas, Nutzen und Freude, brachte.[92] Aber Vergil will nicht jedermann verpflichten, aufs Land zu gehen und am Busen der Natur zu leben. Er ist jedoch überzeugt, daß es allen seinen Zeitgenossen nottut, sich wieder auf die ursprüngliche Ordnung des Lebens zu besinnen und einfacher, im Einklang mit der Natur, zu leben. Eine geistige Neuorientierung will er bewirken, die sich nicht als Agrarromantik abtun läßt. Der Mensch muß, um ein menschenwürdiges Dasein zu führen, nach Vergils Forderung im Rhythmus des Gebens und Empfangens mit der Erde bleiben, er soll keine Drachenzähne säen und die Sichel nicht zum Schwert schmieden. Vergils saturnische Erde, die Welt eines friedlichen

Ährenbündel. Cistophor des Augustus, um 27 v. Chr.

Zusammenlebens bei sinnerfüllter Arbeit, ist Vergangenheit und Zukunft zugleich, Hoffnungsbild und Modell einer besseren Welt, die nun näher scheint als im Arkadien der *Eklogen*.

Von 37 bis 29 arbeitete Vergil an den *Georgica*. Wenn er auch für den Sinngehalt seines Lehrgedichts bis auf Hesiod zurückging, so blieb er in der Arbeitsweise doch den Alexandrinern treu. Sorgsam feilte er an jedem einzelnen Vers. Er verglich sich selbst mit der Bärin, die ihren neugeborenen, noch unförmigen Jungen durchs Lecken erst die richtige Gestalt gibt.[93] Bei einem solch langsamen Fortschreiten der Arbeit (2200 Verse in acht Jahren) ist es verständlich, daß man den Dichter des öfteren drängte, ja drängen mußte. *Deine durchaus nicht sanften Aufforderungen (tua haud mollia iussa)*[94] nennt Vergil scherzhaft die Mahnungen des Maecenas. Seiner Gewohnheit entsprechend las er einige Stellen im Freundeskreis vor. Man kann dabei an die Beschreibung der Bienenwelt denken, deren Staatswesen im kleinen die Römer faszinierte, die Schilderung eines liebevoll gepflegten Gartens bei Tarent, die das Thema des Gartens als Synthese von Natur und Kultur in die Literatur einbrachte, oder an die unsterbliche Geschichte von Orpheus und Eurydike.[95]

Die liebende Anteilnahme, mit der Vergil die ländliche Welt umfaßt, teilt sich auch seinem Stil und seinem Ausdruck mit. Während er im Aufbau und in der Konzeption des Werkes vielfach Lukrez verpflichtet ist, den er auch ausdrücklich nennt[96], ist die Harmonie der Teile, die Sprachmelodie und die Beseelung der an sich so schlichten Worte ganz vergilisch. «The best poem of the best poet», hat der Dichter John Dryden die *Georgica* genannt, die er 1694 ins Englische übersetzt und herausgegeben hat.

Der Weg zum Epos

Während Vergil in stiller Zurückgezogenheit seine *Georgica* verfaßte, brach abermals der Krieg aus. Als Unterpfand des Friedens hatte Antonius Octavia, die Schwester Octavians, zur Frau genommen. Nun kehrte sie verlassen nach Rom zurück; den Platz an der Seite des Antonius nahm Cleopatra ein. Da sie entscheidenden Einfluß auf ihn ausübte, hatte sich de facto abermals ein Dreierbund gebildet. Alle Diplomatie und Friedenssehnsucht vermochten dem Bündnis dieser ungleichen Partner keine Dauer zu verleihen. Es kam zur endgültigen Auseinandersetzung in der Schlacht von Actium.[97] Caesar Octavian schrieb seinen Sieg der Hilfe Apollos zu, seines Schutzpatrons, der bei Actium ein Heiligtum hatte. Der Gott der Klarheit und des Maßes hatte gegen Antonius gesiegt, der sich als Inkarnation des Dionysos, des Gottes des Rausches und der Ekstase, hatte feiern lassen.

Aus dem Sieg ergab sich eine Verpflichtung, mit der sich der Imperator alsbald konfrontiert sah. Auf der Heimreise von Alexandria, das er zur Hauptstadt der neuen Provinz Ägypten gemacht hatte, rastete er einige Tage in Atella, einem kampanischen Städtchen. Octavian war wie Vergil von schwacher Gesundheit; er wollte dort ein Halsleiden kurieren, bevor er in Rom seinen Triumph feierte. Hier in Atella, so berichtet uns die Vita[98], kamen Maecenas und Vergil zu ihm. Vergil las ihm an vier Tagen, abwechselnd mit Maecenas, sein Gedicht vom Landbau vor. Auf dem Gipfel seines Ruhmes muß der Sieger von Actium hören, was nun seine Aufgabe ist. Er ist vor allem der italischen Erde und ihrer Erneuerung verpflichtet. Im Prooemium seines Werkes, das Vergil wohl zu diesem Anlaß neu ausgestaltet hatte, nennt er den Imperator, der bald, das heißt nach seinem Tode, ein Gott unter Göttern sein wird, mag er dann als Gestirn am Himmel leuchten oder als himmlischer Schutzherr über die Felder oder das Meer herrschen. Diese außerordentliche Ehrung ist eine ungeheure Forderung. Später wirst du ein Gott sein: Das heißt, daß sich Caesar Octavian durch ein Leben im Dienste seiner Mitbürger auszeichnen soll, denn nur die Wohltäter der Menschheit wurden zu den Göttern erhoben. Ciceros Traum von Octavian als dem idealen Staatsmann lebte wieder auf. Welche Konsequenzen dieser verpflichtende Lobpreis hat, kann man bei einem Nachfolger Vergils erleben. Am Anfang seines Epos «Pharsalia» huldigt Lucan Kaiser Nero und läßt dabei Vergils Lobpreis des Octavian-Augustus als künftigen Gott deutlich anklingen.[99] Als Lu-

*Antonius als Pharao (?),
um 40–30 v. Chr.
Ägyptisches Museum Kairo*

can die Verse schrieb (um 55 n. Chr.), glaubte man, der junge Kaiser werde, nach dem Regime eines Caligula und Claudius, ein neues, glücklicheres Zeitalter heraufführen. Die Hoffnungen wurden grausam enttäuscht, aber weder Lucan noch Seneca, die dem Wüten Neros zum Opfer fielen, haben ihre lobpreisenden Äußerungen zurückgenommen. Lucan hatte in seiner letzten Stunde das Manuskript seines Epos in Händen; er feilte noch an einigen Versen, bis ihn die Kräfte verließen, aber den Neropreis ließ er stehen. Das appellative Lob verkehrt sich zum schlimmsten Tadel, wenn der so Angesprochene den Appell nicht annimmt. Denn dies bedeutet: «Wie einen Gott haben wir ihn verehrt – doch seht, was aus ihm geworden ist!» Lucan gibt Nero damit der Verdammung durch die Nachwelt preis. Von diesem Appellcharakter des Lobes her ist auch Vergils Preis des Octavian-Augustus in allen seinen Werken zu verstehen. Dann wird man den Dichter nicht fälschlich als Lobredner oder Hofmann abstempeln oder zu seiner Ehrenrettung nach Spuren von Ironie oder Verneinung suchen. Vergil greift bewußt so hoch, um den Herrscher aufs höchste zu verpflichten. Die Mit- und Nachwelt soll sehen, welche Hoffnungen man auf den Sieger von Actium setzte, und entscheiden, ob und wieweit er sie erfüllt hat.

Octavian nahm den Appell an. Die Schlacht von Actium brachte nicht nur ein Ende der Kampfhandlungen, sie brachte endlich den Frieden. Als Princeps, als erster Mann des Staates, leitete Caesar Octavian, nun Augustus, der Erhabene, genannt, mit besonderen Vollmachten den Staat. Es war nicht mehr die Republik von früher, doch wer wünschte sich diese im Ernst zurück? Die jetzt Lebenden hatten sie nur als einen Freiraum für hemmungsloses Machtstreben erlebt, als Spielball der Interessen. Immer wieder ein Marsch auf Rom, ein neues blutiges Kapitel im Bürgerkrieg. Augustus hatte die Furie des Bürgerkriegs gebändigt; er war der starke Mann, der die Soldaten unter Kontrolle hielt, aber er war kein Diktator. Anders als sein Vater Caesar schätzte und bewahrte er nun die lebensfähigen, die «ciceronianischen» Elemente der Republik und brachte sie in seinen Staatsaufbau, den Prinzipat, ein. Er sicherte diesem damit seine Tragfähigkeit über Jahrhunderte hinweg. Die Machtbefugnisse des Princeps schränkten die Initiative des einzelnen ein, garantierten aber den Frieden für alle. Die kriegsmüde Welt war bereit, den Preis zu zahlen, und sie fühlte sich mit der Pax Augusta, der weltweiten und längsten Friedensepoche der Geschichte, angemessen entlohnt.

Die Forderungen Vergils nach einer Regeneration des bäuerlichen Lebens und einer Rückbesinnung auf die Kräfte der Natur entsprachen den Vorstellungen des Augustus. Seine erste Münzprägung nach Actium zeigt einen pflügenden Bauern und ein Ährenbündel. Als die Pax Augusta erreicht war, ließ Augustus der Friedensgöttin einen Altar erbauen mit einem Relief der Tellus, der Mutter Erde. Horaz bestätigte[100], daß das Zeitalter des Augustus den Fluren wieder Segen und Gedeihen geschenkt habe und daß die Rinder nun wieder sicher weiden konnten, so wie es Vergil in der *1. Ekloge* gehofft und geglaubt hatte.

Während jener Lesung in Atella ging es aber nicht nur um die großen Themen der Zeit. Mit Staunen werden Caesar Octavian und die anderen Zuhörer das Prooemium des 3. Buches der *Georgica* vernommen haben. In einem kühnen Bild sieht sich Vergil als Triumphator, der die Musen vom Helikon herabgeleitet und ihnen in Italien, beim heimischen Mantua, einen Tempel errichtet. Stolz erfüllt ihn nach dem Meisterstück eines lateinischen Lehrgedichts, und so kann er sich wie Augustus als siegreicher Feldherr sehen: «Denn Provinzen des Geistes zu erobern, verdient noch höheren Lorbeer, als die Grenzen des Reiches zu erweitern.» So hatte sich der Feldherr Caesar über den Schriftsteller Cicero geäußert.[101] Nach den *Georgica* aber will sich Vergil zu neuen Taten rüsten.

Apollo. Denar, ca. 65 v. Chr.

Zum Sang der lodernden Schlachten will er sich gürten und *Caesars Namen rühmen, wie er von Tithonus' Urzeit fern uns aufstrahlt.*[102] Vergil kündigt ein Epos an. Die *Georgica* enden mit einem Kleinepos (Epyllion), der Geschichte von Orpheus, der Eurydike aus der Unterwelt zurückholen will. «Seine [des antiken Dichters] ungeduldige Phantasie führt ihn über die Natur hinweg zum Drama menschlichen Lebens.» So beschreibt Schiller den auch für Vergil folgerichtigen Weg von der Idylle zum Epos.[103] Vergil hatte dem Hexameter einen neuen Ausdrucks- und Klangreichtum erschlossen, er konnte menschliche Schicksale darstellen und Personen durch Rede und Gegenrede lebendig werden lassen. Vor allem aber besaß er jenes Gefühl menschlicher Anteilnahme, das für den epischen Dichter trotz aller formalen Zurückhaltung bestimmend ist, die *lacrimae rerum*, das Mitleben und Mitleiden, wie es Homer eigen ist.

Was für ein Epos will Vergil nun schreiben? Die Taten des Caesar Augustus will er rühmen und auch seiner trojanischen Ahnen gedenken. Als Sohn Julius Caesars führte Augustus wie dieser seine Abkunft auf Julus, den Sohn des Aeneas, zurück, der zugleich als Stammvater aller Römer galt. Will Vergil also ein zeitgenössisch-historisches Epos im Stil des Ennius schreiben, das die Taten eines Feldherrn preist, eine Augusteis? Oder kündigt er hier bereits die *Aeneis* an, ein mythologisches Gedicht in der Nachfolge Homers? Hat er zwischen der Vollendung der *Georgica* und dem Beginn der *Aeneis* seinen Plan geändert? Sein Epos enthält ja keine Schlachtschilderungen aus der Gegenwart, nur jene kurze Szene der Schlacht von Actium auf dem Schild des Aeneas. Dafür aber erzählt es *aus Tithonus' Urzeit*. Eines hat Vergil mit dieser Ankündigung auf jeden Fall erreicht. Er hat Aufmerksamkeit und Spannung in der Öffentlichkeit erregt. Das Epos galt als die vornehmste und repräsentativste Gattung der Poesie. Homers «Ilias» und «Odyssee» gehörten zum Leben des Römers; man liebte Wandmalereien und Vasen mit homerischen Sze-

Tellus (die Mutter Erde), umgeben von den Personifikationen der Lüfte und der heilsamen Wasser. Relief von der Ara Pacis in Rom, 9 v. Chr.

nen, man hatte in allen Lebenslagen Homer-Verse auf den Lippen, aber man besaß, bei aller Liebe zum Mythos, selbst keine Dichtung, die sich mit Homer messen konnte. Naevius und Ennius waren inzwischen «mit-

Vergil, 1. Jh. n. Chr. Rom, Vatikan, Museo Profano

telalterlich». Annalen zu schreiben betrachtete man nun als Sache des Historikers. Gerade begann Titus Livius seine «Römische Geschichte», die er «Von der Gründung der Stadt an» (ab urbe condita) bis zur Gegenwart fortzuführen gedachte. Wer aber glaubte, heutzutage noch ein Epos im Annalenstil schreiben zu können, den traf ein vernichtendes Urteil.[104] Kein Wunder, daß die erstrangigen Dichter es kategorisch ablehnten, ein Epos zu schreiben, und ihre Ablehnung (recusatio) geradezu zum Topos wurde.[105] Die Vita berichtet, Vergil habe in seiner Jugend res Romanae, also römische Geschichte, in Angriff genommen. Er sei aber von der Schwierigkeit des Stoffes abgestoßen (offensus materia)[106] zur Hirtendichtung übergegangen. In den *Eklogen* sagt er selbst, Apollo habe ihn, als er Kämpfe und Könige besingen wollte, am Ohr gezupft und gemahnt, bei seinen Hirtenliedern zu bleiben. Da er schon in seiner Jugend erlebt hatte, daß sich ein zeitgenössisch-historischer Stoff mit seinen dichterischen Ansprüchen nicht vertrug, wird er nun keinen neuen Versuch am untauglichen Objekt unternommen haben. Er kündigt also in den Versen der *Georgica* bereits die *Aeneis* an, freilich nur in Umrissen, denn dieses neuartige Werk genauer zu definieren, hätte den Rahmen gesprengt.

In Rom sprach es sich bald herum, daß Vergil sich bei seiner Arbeit das höchste Ziel gesteckt hatte. «Die *Aeneis* war kaum begonnen, da war ihr Ruhm schon so groß, daß der Dichter Properz nicht zögerte, sie folgendermaßen zu rühmen:

Weichet zurück, ihr römischen Dichter, weichet, ihr Griechen:
etwas Größ'res entsteht hier, als die Ilias ist!

Ja selbst Augustus, der gerade auf einem auswärtigen Feldzug war, drängte Vergil unter inständigen Bitten und sogar scherzhaften Drohungen brieflich dazu, ihm doch etwas aus der *Aeneis* zu schicken, entweder den ersten Entwurf oder ein Stück daraus.»[107] Diese Nachricht zeigt, wie groß die Begeisterung und Anteilnahme der Römer war, wie gespannt sie darauf warteten, endlich «ihr» Epos zu bekommen. Ein Dichter spendet Vorschußlorbeeren, und der Feldherr schreibt sogar von weit her, von den Grenzen des Reiches, einen Brief. Vergils Antwort ist uns erhalten, das einzige Stück Prosa, das wir von ihm besitzen: *Was meine Aeneis angeht, so würde ich dir wahrhaftig gern etwas schicken, wenn ich etwas hätte, was deiner Ohren würdig ist. Aber die Aufgabe nimmt einen so gewaltigen Umfang an – ich glaube fast, ich muß verrückt gewesen sein, ein solches Werk in Angriff zu nehmen. Zudem muß ich ja, wie du weißt, noch andere und ziemlich wichtige Studien zu diesem Werk betreiben.*[108]

Von den umfangreichen antiquarischen Studien, die Vergil zur Aeneassage betrieben hat und die bis in verblüffende Details gingen, erhalten wir einen Begriff bei Macrobius (vgl. S. 124), der uns auch diesen Brief überliefert hat. *Wie du weißt* bedeutet im übrigen, daß Augustus sich darüber im klaren war, daß Vergil keine Augusteis schrieb. Der Ton des Briefs beweist ferner, daß Vergil keinen imperialen Pressionen ausgesetzt war, sonst hätte er wohl weniger abwehrend geantwortet und den Imperator durch einen Griff in den Zettelkasten bedient. Man spürt es deutlich, daß der kühne Schwung aus den *Georgica* – der Dichter als Triumphator – inzwischen verflogen war. Vergil erkannte, daß er sich auf unabsehbare Zeit an ein Werk gefesselt hatte, das ihn durch die ständige Konfrontation mit dem göttlichen Homer immer neuen Enttäuschungen und Selbstzweifeln aussetzte. Er habe doch einfach den Spuren Homers folgen können, meinten später einige. Und Vergil entgegnete aus bitterer Erfahrung: *Es ist leichter, dem Herkules seine Keule zu entreißen, als dem Homer einen einzigen Vers.*[109] Die hochgespannten Erwartungen aller bedrückten den

*Homer, römische Kopie nach einer griechischen Statue
um 460–50 v. Chr. München,
Staatl. Antikensammlungen und Glyptothek*

Dichter, anstatt ihn anzuspornen. Sein Freund Varius Rufus hatte eine erfolgreiche Tragödie geschrieben, den «Thyestes». Sie galt als ein den Griechen ebenbürtiges Meisterwerk. Aber Varius hatte es leichter gehabt; der Zuschauer im Theater läßt sich vom Bühnengeschehen fesseln, ohne allzu strenge rationale Maßstäbe anzulegen. Doch wie ließ sich die mythische Welt der Götter und Helden für kritische Leser eines Epos glaubwürdig darstellen? Homers Zeitgenossen hatten an die reale Existenz der olympischen Götter geglaubt, Vergils Römer aber sahen in den Göttern vielfach lediglich Symbole für das Wirken einer göttlichen oder kosmischen Kraft, wie es die griechische Philosophie lehrte. Aber bewies die Vorliebe der Römer für die homerische Welt nicht doch die geheime Sehnsucht des Menschen nach dem Mythos, auch wenn (oder gerade wenn) er in einem «aufgeklärten» Zeitalter lebt? Verlangt nicht das Leben nach Geschichten, um begriffen zu werden? Die Sage von Aeneas, dem Gründervater Roms, konnte eine solche Geschichte sein.

Aeneas

Die Sage von Aeneas geht auf die «Ilias» zurück. Dort ist er neben Hektor der tapferste Held der Trojaner. Er entstammt der jüngeren Linie des Königshauses, die auf Dardanos, einen Sohn des Zeus, zurückgeht (daher der Name Dardaner für die Trojaner). König Priamos ist der Vetter des Anchises. Dieser gewann die Liebe der Göttin Aphrodite (Venus), die ihm den Sohn Aineias (Aeneas) schenkte. Aeneas lehnte zuerst eine Teilnahme am Trojanischen Krieg ab und wurde erst zum Kampf gezwungen, als Achilleus sein Wohngebiet am Berg Ida verwüstete. Bei Zweikämpfen mit den Griechenhelden greifen die homerischen Götter ein, um Aeneas zu schützen. Poseidon, der sonst nur den Griechen beisteht, begründet dies: «Warum soll Aeneas sterben, schuldlos, um der Mühsal anderer willen? Er hat den Göttern stets willkommene Gaben gebracht. Es ist ihm vom Schicksal bestimmt, dem Krieg zu entkommen. Später wird sein Geschlecht die Troer beherrschen.»[110] Man nimmt an, daß Homer als fahrender Sänger seine «Ilias» in der Troas, der Landschaft um Troja, am Hofe eines Fürstengeschlechtes vortrug, das seine Abkunft auf Aeneas zurückführte. In der Zeit der griechischen Kolonisation wanderten die Geschichten der Trojahelden von Ost nach West. Jedes Adelsgeschlecht rühmte sich eines homerischen Kämpfers als Ahnherrn, und jede griechische Stadt im Mittelmeerraum hatte ihren Gründerheros. Hierfür bot sich die Trias Diomedes – Odysseus – Aeneas an, denn diese drei sind die Tapfersten der Überlebenden aus dem Trojanischen Krieg, und sie mußten der Sage gemäß auf Irrfahrt gehen. So schrieb man ihnen auch die Gründung zahlreicher Städte zu. Das erste literarische Zeugnis für Aeneas im Westen (in Hesperien) bildet die «Iliupersis», ein Gedicht von der Zerstörung Trojas, das Stesichoros im 7./6. Jh. v. Chr. in Sizilien verfaßte. Nach dem Geschichtsschreiber Hellanikos (um 450 v. Chr.) soll Aeneas gemeinsam mit Odysseus (oder nach ihm?) Rom gegründet haben. Die archäologischen Zeugnisse für die Aeneassage in Italien gehen ebenfalls in vorrömische Zeit zurück. Votivstatuetten aus der alten Etruskerstadt Veji zeigen Aeneas, der seinen Vater Anchises auf der Schulter trägt. Sie deuten ebenso wie das sogenannte Heroon des Aeneas in Lavinium auf einen frühen Kult des Aeneas, den die Latiner mit einer einheimischen Vater- und Ahnengottheit, dem Pater indiges, verschmolzen.[111] Auch auf griechischen Vasen, die für Käufer in Etrurien angefertigt wurden, findet sich häufig das Motiv des aus Troja fliehenden Aeneas. Er trägt seinen Vater

Aeneas flieht mit Anchises und Creusa aus Troja. Attische Hydria,
520 v. Chr. München, Staatl. Antikensammlungen und Glyptothek

auf den Schultern, hält die Penaten, die Bildnisse der heimischen Gottheiten, vor ihm geht sein kleiner Sohn, hinter ihm die Gattin.

Als Rom zur Vormacht in Italien und im Mittelmeerraum aufstieg,
konnte es sich also, was seinen Gründerheros Aeneas anging, bereits auf
eine alte und allgemein anerkannte Überlieferung berufen.

Vergil fand die Aeneassage in zahlreichen Kultlegenden und Genealo-
gien – viele Familien, nicht nur die Julier, führten ihren Ursprung auf

Aeneas und seine Gefährten zurück – und er fand bereits eine literarische Überlieferung vor (bei Naevius, Ennius, Fabius Pictor, Cato, Varro). Die Herkunft des Aeneas als «Ilias»-Held gab Vergil die erwünschte Anknüpfung an das homerische Epos. Das Aeneasbild in der Kunst aber bot ihm einen dichterischen Symbolgehalt. Als Retter seiner Familie und des Götterkultes war Aeneas ein Symbol für die Haltung der pietas[112]: ehrfurchtsvolle Rücksicht gegenüber den Göttern und den Angehörigen, Verantwortungsgefühl und Pflichtbewußtsein (also mehr als «Frömmigkeit»). Die pietas bildete einen der grundlegenden römischen Wertbegriffe, aber Aeneas verkörperte für Vergil nicht nur eine Haltung des mos maiorum, der Vätersitten der Vergangenheit. «Wir müssen die fluchbeladene Stätte des alten Troja verlassen und eine neue Heimat suchen», hatte Horaz gefordert. Der Mann, der die Seinen und die Götter aus dem Verderben rettet und zu neuen Ufern aufbricht, wies auch in die Zukunft; er verkörperte ein vergilisches Hoffnungsbild.

Vergils Aeneas ist der trojanische Held, der auf göttliches Geheiß das zerstörte Troja verläßt, um in Italien eine neue Heimat zu finden.

Arma virumque cano Troiae qui primus ab oris ...
Kampf und den Helden besing' ich, den einst von den Ufern von Troja
Nach Italien flüchtig sein Los an Laviniums Küsten
Trieb, der durch Länder und Meere gar viel vom Willen der Götter
Und von dem dauernden Zorn der erbitterten Juno geschleudert,
Viel auch in Kriegen erlitt, bis die Stadt er gegründet und seine
Götter nach Latium führte; daher das Geschlecht der Latiner
Und die albanischen Väter und Roms hochragende Mauern.

(Aen. I 1ff. Übers. von Thassilo von Scheffer[113])

Wer diesen Anfang hörte, erinnerte sich sogleich an den Beginn der «Odyssee»: Ἄνδρα μοι ἔννεπε, Μοῦσα ... (Andra moi ennepe, Musa ...):

Sage mir, Muse, die Taten des vielgewanderten Mannes,
Welcher so weit geirrt nach der heiligen Troja Zerstörung,
Vieler Menschen Städte gesehn und Sitte gelernt hat
Und auf dem Meer so viel' unnennbare Leiden erduldet,
Seine Seele zu retten und seiner Freunde Zurückkunft.

(Od. I 1ff. Übers. v. Johann Heinrich Voß)

Aeneas ist wie Odysseus ein Trojakämpfer, der, vom Götterzorn getrieben, Irrfahrten, Kämpfe und Leiden zu erdulden hat, bis er die Heimat findet. *Arma – andra*: Vom Gleichklang her wird der Leser und Hörer auf die «Odyssee» eingestimmt; er muß beim Wort *arma*, die Waffen und Kriegstaten, aber auch zugleich an die «Ilias» denken. Beide homerischen Epen nimmt Vergil als sein Vorbild in Anspruch. In homerischer Weise ruft er dann die Muse an, um die Gründe für den Götterzorn zu erklären. Wie Poseidon dem Odysseus zürnt, so grollt Jupiters Gemahlin Juno (Hera) dem troischen Helden Aeneas. Seit dem Trojanischen Krieg ist sie die unversöhnliche Feindin der Trojaner. Das Parisurteil hatte sie in ihrer

Gian Lorenzo Bernini (1598–1680): Aeneas, Anchises und Ascanius bei der Flucht aus Troja. Rom, Museo Borghese

Würde als höchste Göttin gekränkt, und ein etwaiger Sieg der Trojaner hätte den Niedergang ihrer geliebten Stadt Argos (Mykene) bedeutet. Nun muß sie wieder um eine Stadt bangen, die sie sich zu ihrem Lieblingssitz erkoren hat, Karthago. Ein Schicksalsspruch kündete, daß es einst von einem Volk aus Trojas Stamm in Schutt und Asche gelegt werde. Juno aber hat Karthago die Weltherrschaft zugedacht. Abermals fühlt sie sich von den verhaßten Troern in ihrer Würde gekränkt. Sie ist bestrebt, die Trojaner von Latium, der Stätte ihrer künftigen Herrschaft, fernzuhalten. Viele Jahre schon irren sie über die Meere. *Tantae molis erat Romanam condere gentem – So vieler Mühsal bedurfte die Gründung des römischen Volkes.*[114]

Soweit die Vorgeschichte. Dann geht Vergil wie Homer in medias res. Hier eine Inhaltsübersicht der zwölf Bücher der *Aeneis*:

1. Buch: Nach einem von Juno erregten Seesturm rettet sich Aeneas mit seinen Gefährten an die Küste von Afrika. Venus bittet den Göttervater Jupiter um Hilfe für ihren Sohn Aeneas. Jupiter enthüllt ihr das künftige Schicksal der Aeneaden. Aeneas wird in Latium eine Stadt gründen, und seinen Nachkommen, den Römern, wird unumschränkte Herrschaft zuteil werden. Venus trifft unerkannt ihren Sohn und verweist ihn an Dido, die Königin des Landes, die ihn gastfreundlich aufnehmen werde. Beim Gastmahl fordert die Königin Aeneas auf, seine Schicksale und Irrfahrten zu erzählen.

2. Buch: Aeneas berichtet von der List der Griechen, vom hölzernen Pferd, und der Einnahme und Zerstörung Trojas. Auf göttliches Geheiß flieht Aeneas mit dem Vater Anchises, dem kleinen Sohn Julus-Ascanius, der Gattin Creusa und dem Schrein mit den Hausgöttern aus dem brennenden Troja. Auf der Flucht verliert er Creusa.

3. Buch: Mit anderen Überlebenden bricht er zu Schiff auf, um eine neue Heimat zu suchen. Er kommt nach Thrakien, Delos, Kreta und Epirus. Auf göttliche Weisung muß er weiterziehen; fern im Westen, in Italien, soll er sich ansiedeln. Die Aeneaden gelangen nach Sizilien, wo Anchises stirbt. Auf dem Weg nach Italien hat sie nun der Seesturm an die libysche Küste verschlagen, ins Land der Königin Dido.

4. Buch: Dido, von Liebe zu Aeneas erfaßt, wünscht ihn zum Gemahl. Aeneas erwidert ihre Liebe und muß vom Jupiter an seine Bestimmung gemahnt werden. Als Aeneas sie verläßt, begeht Dido Selbstmord und schwört den Trojanern Rache.

5. Buch: Die Aeneaden machen Rast auf Sizilien und halten zu Ehren des dort verstorbenen Anchises Spiele und Wettkämpfe ab. Ein Teil der Gefährten bleibt in Sizilien zurück.

6. Buch: Bei Cumae (Neapel) landet Aeneas und befragt die Sibylle, die weissagende Priesterin des Apollo. Von ihr geleitet, steigt er in die Unterwelt hinab. Sein Vater Anchises zeigt ihm in einer Zukunftsschau seine Nachkommen, von Romulus bis zu Augustus, und gibt ihm Einblick in die Geschichte seines künftigen Heimatlandes.

7. Buch: In Latium werden die Aeneaden von König Latinus gastfreundlich empfangen. Er erkennt in Aeneas den Mann, den ihm ein Orakel als Gatten für seine Tochter Lavinia verheißen hat, und bietet ihm ein Bündnis an. In unversöhnlichem Groll hetzt Juno die Furie des Krieges und der Zwietracht auf. Die Königin Amata und der Rutulerfürst Turnus, der sich um Lavinia bewirbt, erregen Streit und Aufruhr. Das Bündnis wird gebrochen, die italischen Völker rüsten unter Führung des Turnus zum Krieg.

Eneidos

Que secūdo eneidos libro cōtineāt. ouidiⁱ.
Cōticuere omnes: tūc sic fortissimus heros
Fata recensebat troie, casusⱺ suorum:
Fallaces graios: simulataⱺ dona minerue
Lacontis pœnā, et laxantem claustra sinonē
Somnū quo monitⁱ acceperat hectoris atrū:
Iam flāmas cœli: troum patrieⱺ ruinas.
Et regis priami fatum miserabile semper:
Impositulⱺ patrē collo: dextraⱺ prehensū
Ascanium: frustra tergum comitante creusa.
Ereptā hanc fato, socioscⱺ in monte reptos.

Das hölzerne Pferd. Holzschnitt zu «Aeneis» II aus der Grüninger-Ausgabe

8. Buch: Auf den Rat des Flußgottes Tiber schließt Aeneas ein Bündnis mit dem Arkaderkönig Euander, der an der Stelle des späteren Rom wohnt. Venus bringt ihrem Sohn vom Schmiedegott Vulcan gefertigte Waffen, darunter einen Schild, auf dem Aeneas Gestalten und Szenen aus der künftigen römischen Geschichte erblickt.

9. Buch: Während der Abwesenheit des Aeneas greift Turnus das Lager der Trojaner an und belagert es. Das Freundespaar Nisus und Euryalus kommt auf einem Kundschaftergang ums Leben.

10. Buch: In einer Götterversammlung stehen sich Venus und Juno unversöhnlich gegenüber. Jupiter läßt Troer und Rutuler um die Entscheidung kämpfen. Aeneas kehrt mit verbündeten Hilfsvölkern und Euanders Sohn Pallas zurück. Der Krieg entbrennt, und Pallas fällt von der Hand des Turnus. Aeneas tötet Mezentius, einen der feindlichen Führer, und dessen Sohn Lausus.

11. Buch: Nach der Totenfeier wird Pallas' Leichnam seinem Vater zurückgesandt. Nach der Bestattung der Gefallenen und einem Kriegsrat des Latinus und Turnus beginnt der Kampf erneut. Die italische Amazone Camilla kommt als Bundesgenossin des Turnus und fällt im Kampf.

12. Buch: Auf dem Schlachtfeld schließen Latiner und Rutuler mit Aeneas einen Vertrag: Turnus und Aeneas sollen in einem Zweikampf um den Sieg kämpfen. Auf Anstiften Junos wird der Vertrag gebrochen. Der Kampf beginnt erneut. Beim Versuch, die Streiter zu trennen, wird Aeneas verwundet. Venus heilt ihren Sohn. Jupiter vermag Juno zur Aufgabe ihres Grolls zu bewegen. Turnus stellt sich Aeneas zum Kampf und wird von ihm getötet.

Für eine Lektüre-Auswahl empfehlen sich folgende Partien, die wir auch besonders betrachten wollen: Buch 1, 2, 4, 6, 8, 12 Ende (V. 788–952).

Blicken wir von der Inhaltsangabe zurück auf das Prooemium, so erkennen wir eine Zäsur im 5. Vers. *Vie' auch duldend im Krieg*: bis hierhin erzählt Vergil. *Bis er gründe die Stadt* dies liegt jenseits der Erzählhandlung. Wie Homer in der «Ilias» das entscheidende Ereignis, die Eroberung und Zerstörung Trojas, ausspart und nur in kunstvoller Motivspiegelung erscheinen läßt, so verzichtet Vergil darauf, das faktische Kernstück der Aeneassage, die Stadtgründung, einzubeziehen. Kein stolzer Sieger erbaut hier eine mächtige Stadt. Ein Flüchtling ist der Held des Epos, viel erduldete er zu Land und Meer, viel erlitt er im Kriege.

Was Vergil darstellen will, ist der Weg und nicht das Ziel. Und diese Darstellung ist nicht in leuchtenden Farben, sondern in gedämpften Tönen gehalten. Leiden und Mühen als Thema und Homers Epen als kompositorisches Vorbild: Das gibt Vergil im Prooemium als Perspektive seines Werkes an.

Als dynamisches Element, das Aeneas auf seinem Wege immer weiterführt, dienen die fata (fatum: wörtl. das von den Göttern Gesagte). Mit Poseidons Weissagung über das künftige Schicksal des Aeneas hat Homer das Vorbild geliefert. Die geschichtliche Gegenwart spiegelt sich als Zukunft, als Prophezeiung und Verheißung, im Ablauf des Epos. Jupiter,

Aeneas mit Anchises. Denar Caesar, 49–47 v. Chr.

der oberste Gott und erhabene Herr der Geschichte, hat die fata festgesetzt, es sind seine Schicksalssprüche. Sie bilden den Rahmen für das Schicksal des Aeneas, und sie wirken zugleich Geschichte, denn Aeneas ist zum Ahnherrn des Römervolkes erkoren. In drei historischen Vorblicken erlaubt Vergil einen Blick auf das Walten der fata. Im 1. Buch kündet Jupiter, daß Aeneas die Stadt Lavinium gründen wird. Sein Sohn wird die Herrschaft nach Alba Longa verlegen, und dort wird eine königliche Priesterin von Mars die Mutter der Zwillingssöhne Romulus und Remus werden. Romulus wird dann Rom gründen. Im 6. Buch sieht Aeneas in einem langen Zug die berühmtesten Gestalten aus Roms Geschichte an sich vorüberziehen. In der Schildbeschreibung des 8. Buches gipfeln die historischen Szenen in der Gegenwart, der Schlacht von Actium.

Ganz in die Handlung verflochten erscheint das Motiv zukünftiger Geschichte sogleich am Anfang. *Es war eine alte Stadt, Karthago, Italien gegenüber.*[115] Karthago gegen Italien, das ist die Konfrontation in den Punischen Kriegen. Es hätte aber alles auch ganz anders kommen können ... Willig läßt sich der Leser durch den Erzählton Vergils in die epische Handlung hineinziehen. Die Königin Dido (auch Elissa genannt) hat nach dem Tode ihres Gemahls Sychaeus ihre Heimatstadt Tyros in Phönizien verlassen müssen, da ihr der Bruder und Mörder ihres Gemahls nach dem Leben trachtete. Mit ihren Gefolgsleuten gründete sie in Libyen (am heutigen Golf von Tunis) ihre «Neue Hauptstadt», Karthago. Die Stadt ist noch im Bau, als die Aeneaden, aus dem Schiffbruch gerettet, dort ankommen. *O ihr Glücklichen, da euch schon die Mauern erstehen!* ruft Aeneas aus. Die Königin, die ja selbst Flüchtling mit einem schweren Schicksal ist, bietet ihm an, er und die Seinen sollten gemeinsam mit ihren Bürgern die Stadt bewohnen. Nach Seesturm und Schiffbruch nun ein glänzendes Gastmahl in der Königsburg. Auf den Wunsch Didos erzählt

Aeneas seine Schicksale: *Infandum regina iubes renovare dolorem – Unaussprechlichen Schmerz heißt du mich, Herrin, erneuern.* Er berichtet vom Untergang seiner Heimatstadt, von hölzernen Pferd, von Laokoon, und malt die Schreckensbilder des brennenden Troja: *Überall Angst und Not und der Tod in tausend Gestalten.* Voller Todesverachtung stürzt sich Aeneas in den Kampf mit den Eroberern, obwohl er weiß: *Una salus victis, nullam sperare salutem – Nimmer auf Rettung zu hoffen, ist Rettung allein für Besiegte.* Im Rückblick kann Aeneas bei den Trümmern und der Asche von Troja beteuern, daß er sein Leben und seine Kräfte bis zum äußersten eingesetzt hat, um seine Vaterstadt vor dem Untergang zu bewahren. Seine göttliche Mutter zeigt ihm in einer Vision den Fall Trojas als Walten der Götter. Nun soll Aeneas der Seinen gedenken und sich mit seiner Familie auf die Flucht begeben. Aber als er unterwegs seine Gattin Creusa verliert, kehrt er wieder um und stürzt sich auf der Suche mitten in die brennenden Trümmer und unter die mordenden Feinde. Abermals bedarf es einer göttlichen Weisung, damit Aeneas umkehrt und sich auf den rettenden Weg zur Küste begibt.

Wir sehen hier, daß Vergils Aeneas durchaus kein blasser, blutleerer Mann ist, der mehr einem stoischen Weisen oder einem christlichen Heiligen als einem epischen Helden ähnelt. Die durch den Verszwang bedingte Übersetzung des *pius Aeneas* als: «*der fromme Aeneas*» scheint eine solche Deutung nahezulegen[116], was dann im weiteren Verlauf des Epos, vor allem in den Kämpfen der letzten Bücher, zu Verständnisschwierigkeiten führt. Aeneas erklärt in seiner Selbstvorstellung (die mehr an den Leser als an die verkleidet erscheinende göttliche Mutter gerichtet ist), worin seine pietas besteht: Er ist der *pius Aeneas*, der die Götter rettete und der auf göttliches Geheiß den *fata* folgend Italien als neue Heimat sucht. Pflichtgetreu ist er, aber er braucht dabei nicht sanftmütig zu sein, wie wäre er sonst auch *pietate insignis et armis – ausgezeichnet durch Pietas und Waffenruhm*[117]? Er reagiert spontan und leidenschaftlich, wenn es um seine Bindungen geht, um ihm anvertraute Menschen und um die Vaterstadt. Innerhalb seiner Bindungen zu leben und notfalls auch zu sterben ist ihm innerstes Gebot. Vergil porträtiert seinen Helden sorgfältig, um ihm sowohl die Sympathie seiner königlichen Zuhörerin zu verschaffen wie auch die des Lesers, der Tapferkeit, Heimatliebe und Freundestreue als Tugenden der homerischen Helden kennt. Wieviel Römisches auch in Vergils Epos eingeflossen sein mag, mit der Wahl des «Ilias»-Helden hat er sich auf die homerische Epostradition und den homerischen Deutungshorizont festgelegt.[118]

Im folgenden erzählt Aeneas von seinen Irrfahrten, und wie er immer wieder vergebens glaubte, die Stätte des neuen Troja gefunden zu haben. Aber stets verweigerten die Götter ihre Zustimmung. Erst allmählich enthüllen sich die dunklen Weissagungen. Das Land der Verheißung ist Italien. So verkünden es schließlich die aus Troja geretteten Gottheiten, die Penaten.

Aeneas ist auf dem Weg in sein gelobtes Land, so erzählt er. Aber die Königin überhört es, obwohl sie an den Lippen des Erzählers hängt. Ihr

*«Die Trojaner», Oper von Hector Berlioz nach der «Aeneis» Vergils:
Dido (Rachel Gettler) und ihre Schwester Anna (Margit Neubauer).
Aufführung der Oper Frankfurt a. M. Inszenierung Ruth Berghaus*

Mitleid wandelt sich in Liebe. Zwar hat sie ihrem ersten Gemahl Sychaeus ewige Treue geschworen, aber wäre es nun nicht geradezu ihre Pflicht, den fremden Helden zum Gemahl zu nehmen? Er wird sie und ihr Volk vor der steten Bedrohung durch die benachbarten Barbarenvölker schützen. Auch Aeneas vergißt seine Bestimmung. Zu groß ist die Versuchung, hierzubleiben und von aller Mühsal auszuruhen. Nur ein Name ist ihm das fremde Land, das er suchen soll und das wie eine Fata Morgana stets vor ihm zurückweicht. Und auch dort sind ihm neue Kämpfe und Mühen prophezeit. Hier kann er bereits tätig sein, den Bau der Stadt fördern und den Seinen eine neue Heimstatt schaffen. Mit der Königin hat er sich in Liebe verbunden, seit sie sich auf der Jagd während eines Unwetters in einer Grotte trafen. Unheilverkündende Blitze leuchteten dem Bunde statt der Hochzeitsfackeln, aber Dido spricht nun von Ehe und bekennt sich offen zu ihrer Liebe. *Infelix Dido, die Arme, Unglückliche*, nennt Vergil mitfühlend seine Heldin. *Wohin treibst du der Menschen Herz, unselige Liebe?*[119] Dido und Aeneas sind keine bukolischen Hirten, die selbstvergessen dem Amor huldigen dürfen. Sie müssen bleiben, was sie sind, und ihr Sein verwirklichen. Nicht umsonst läßt Vergil immer wieder die «Odyssee» anklingen: Odysseus bei Kirke und Kalypso. Aeneas darf nicht das Leben anderer leben; dies hat er schon auf seinen Irrfahrten zu spüren bekommen.[120] Er soll sich und den Seinen eine eigene Existenz schaffen, wo sie nicht nur von anderen auf engem Raum geduldet sind. Dido aber ist nicht nur hingebungsvolle Geliebte eines Mannes, sie ist eine Frau mit einer Aufgabe, der sie treu bleiben soll. Darf sie ihr eben erst gerettetes Volk in Kämpfe mit den Stammesfürsten der Umgebung verstricken? König Jarbas, der ihr das Land zum Siedeln überließ, hat es respektiert, daß sie aus Treue zu ihrem ersten Gemahl seine Werbung zurückwies. Nun ist er empört und will es nicht dulden, daß sie einen fremden Eindringling zum Herrscher des Landes machen will.

So kann das Glück nicht dauern. Jupiter, der Herr und Garant der fata, sendet den Götterboten Merkur nach Karthago, wo Aeneas, in tyrische Gewänder gekleidet, als Prinzgemahl die Bauten überwacht. Wenn er für sich schon allem Tatenruhm abgeschworen habe, sagt Merkur, solle er doch wenigstens an die Zukunft seines Sohnes denken. Er soll unverzüglich aufbrechen, so laute Jupiters Befehl. Aeneas, wie vom Donner gerührt bei der göttlichen Erscheinung, befiehlt sogleich, die Flotte zu rüsten. Zugleich überlegt er, wie er Dido seinen Entschluß erklären soll.

Aber die Königin – wer vermag die Liebe zu täuschen? –
Ahnte den Trug und erriet sogleich die drohende Wendung.

(Aen. IV 296 f)

Ein quälender Dialog hebt an, psychologisch meisterhaft gestaltet: Rede und Gegenrede der enttäuschten Liebenden und des Mannes, der durch sein langes Verweilen falsche Hoffnungen geweckt hat. Auf die leidenschaftlichen Vorwürfe Didos reagiert auch Aeneas erregt, und der Dichter erlaubt uns einen Blick in das Innere des *pius Aeneas*. Wenn es nach mir ginge, sagt er, wenn ich mein Leben nach meinem Willen leben könnte, dann hätte ich mein Troja wieder aufgebaut, dann wäre die Burg des Priamos neu erstanden, und ich hätte den Meinen ihre Heimat bewahrt. *Italiam non sponte sequor – Nicht von mir aus such' ich Italien!*[121] Ob Dido mit ihrem Drängen auf ein Ehebündnis oder die Götter mit ihren Schicksalssprüchen – stets soll ihm sein Handeln auferlegt werden. Er muß dem Machtwort der Götter gehorchen, und sie wollen, daß ihm das fremde, schemenhafte Land Italien Liebe und Heimat sein soll, daß er Dido wie Troja zu verlassen hat. Die Königin kann und will ihn nicht verstehen, ihre enttäuschte Liebe ist in Haß umgeschlagen. Als Aeneas – der *pius Aeneas*, sagt Vergil – zu den Schiffen kommt, kann er an dem frohen Aufbruch der Gefährten erkennen, daß sie offensichtlich keine so engen Bande zu Karthago knüpften wie er selbst. Die Freude der Seinen muß ihn für seinen Verlust entschädigen: Die Pflichtauffassung des Helden – wie des Dichters – ist altrömisch-stoisch geprägt.

Die Liebestragödie aber nimmt ihren Lauf. Dido erkennt, daß sie in der Selbstvergessenheit ihrer Liebe ihre Ehre als Königin verspielt und sich den kriegerischen Nachbarvölkern, ja den eigenen Landsleuten feind gemacht hat. Als sie die stolze Würde und Unnahbarkeit der univira, der Frau eines einzigen Mannes, aufgab, weckte sie die Begehrlichkeit und

Guido Reni: «Aeneas' Abschied von Dido», um 1630. Staatliche Kunstsammlungen Schloß Wilhelmshöhe, Kassel

die Aggression der Nachbarfürsten. Ihre Bestimmung war es, Königin von Karthago zu sein, und nicht die Geliebte eines Fremdlings. Kummer, Angst und Gewissensqual treiben sie in den Tod. Sie rüstet sich den Scheiterhaufen und stirbt von eigener Hand. Im Tode gewinnt sie ihr Selbstgefühl zurück:

Ja, ich habe gelebt, den Lauf vollbracht, wie Fortuna
Ihn mir gewiesen, und groß sinkt nun mein Bild zu den Schatten.

(Aen. IV 653 f. Übers. von August Vezin)

Den Trojanern aber gilt ihr Fluch. Ewige Feindschaft soll gesetzt sein zwischen ihnen und ihrem Volk, und einst wird aus ihrem Stamm ein Rächer erstehen, der die Nachkommen des treulosen Aeneas mit Feuer und Schwert verfolgen wird. Die erbitterte Feindschaft der Rivalen Karthago und Rom, die drei Punischen Kriege, Hannibal – alles erwächst aus dem Erbfluch, der den Troern aufs Meer hinaus folgt wie der düstere Flammenschein von Didos Scheiterhaufen.

Das Dido-Buch ist wie eine Tragödie gestaltet, «die einzige Tragödie der Römer, die den griechischen würdig zur Seite gestellt werden kann»[122]. Zu Recht steht auf dem bekannten Mosaik Melpomene, die Muse der tragischen Dichtkunst, neben Vergil.

Das vierte wurde zum berühmtesten Buch der *Aeneis*, und Ovid konnte behaupten, daß kein Teil eifriger gelesen werde als jener von der «Liebe ohne Trauschein», da der *Aeneis*-Dichter seinen waffenfrohen Helden den Weg ins tyrische Bett («arma virumque toros») finden läßt.[123] Neben den Reizen der Liebesgeschichte bot die Didotragödie auch aktuelle Bezüge. Der Römer, der sich bei einer schönen Königin in Nordafrika «verliegt» – wer dachte da nicht an Caesar oder Antonius und Cleopatra?[124] Augustus aber war dem Zauber des Orients nicht erlegen, als er nach Alexandria kam, und die Königin hatte sich in königlicher Weise den Tod gegeben. Die Manen Didos aber waren inzwischen versöhnt. Nachdem Rom das feindliche Karthago niedergerungen hatte, war die Stadt zerstört worden, wie es Catos grimmiger Forderung entsprach. Octavian-Augustus hatte jedoch nach den Plänen Caesars eine neue Stadt gebaut, in der Punier und Römer einträchtig miteinander lebten.

«Die Aeneis». Fernsehfilm von Franco Rossi, frei nach Vergil: Aeneas (Giulio Brogi) überlegt, ob er in Sizilien bei König Acestes bleiben soll

Aeneas aber nimmt wieder Kurs auf Italien. Widrige Winde treiben ihn an die Küste Siziliens. Am Jahrestag von Anchises' Tod beschwört Aeneas das Gedächtnis seines Vaters. Dieser war ausgezeichnet gewesen durch die Liebe einer Göttin und gezeichnet durch den Blitzstrahl des Jupiter, der ihn lähmte, da er sich jener Liebe gerühmt hatte. So stand er den Himmlischen nahe und brachte den unbeirrbaren Glauben an die göttliche Führung auf, der Aeneas so oft schwerfällt.[125] «Sieben Jahre sind vergangen, seit wir dieses Italien suchen, das immer flüchtig vor uns zurückweicht. Erheben sich denn nie mehr die Mauern von Troja?» So könnte auch Aeneas am Grabe des Anchises fragen. Es sind die troischen Frauen, die der ewigen Meerfahrt müde sind. Auf Anstiften Junos, die noch immer die Troer von Latium fernhalten will, stecken die Frauen die Schiffe in Brand. Zwar löscht Jupiters Gewitterregen das Feuer, aber Aeneas ist tief getroffen. Wenn selbst die Seinen sich der Aufgabe versagen, wird diese dann nicht fragwürdig? Ein Traumgesicht des Anchises rät, die Wegemüden hierzulassen und mit den anderen weiterzufahren. Dann aber soll Aeneas in die Unterwelt hinabsteigen, wo er, Anchises, ihm die verheißene Stadt zeigen will. Beim «Abstieg zu den Vätern» wird Aeneas dann erkennen, daß diese Stätte kein neues Troja sein wird. Von den Müttern aber scheidet der *pius Aeneas* nicht unversöhnt. Sie erhalten ihr Troja und ein Heiligtum auf der Höhe des Eryx, das der Göttermutter vom Berge Ida geweiht ist.[126]

Der Abstieg in die Unterwelt

Aeneas und die Seinen betreten den Boden ihres gelobten Landes nicht in der Gegend des künftigen Rom. Der Dichter führt sie zuerst in seine heimische Landschaft bei Neapel. Wie er selbst es oft getan haben mag, so steigt nun sein Held Aeneas zur Akropolis von Cumae hinauf, zum uralten Heiligtum des Apollo. Daedalus soll es erbaut haben, der sagenhafte kunstreiche Baumeister, als er vor König Minos aus Kreta geflohen war. Wie in Karthago betrachtet Aeneas die Reliefs an den Tempeltüren. Das Labyrinth von Knossos ist dargestellt, das «Urbild der Totalität von Leben und Tod» (Karl Kerényi), ein Symbol für die Jenseitsreise des Aeneas.

Zuerst befragt Aeneas das Orakel der Sibylle, um die Erlaubnis zur Ansiedlung zu erhalten.

Ausgehöhlt ist Cumaes Fels zur riesigen Grotte;
breit ziehn hundert Schächte hinab, der Mündungen hundert,
hundertfältigen Lauts dröhnt auf der Spruch der Sibylle.

(Aen. VI 42f. Übers. von Johannes Götte)

Aeneas will seinen Frieden mit den Göttern machen. Nun, da er Italiens Boden betreten und Troja endgültig hinter sich gelassen hat, mögen ihm auch die Götter gnädig sein, die einst Troja feindlich waren. Aber die Sibylle prophezeit ihm keine friedliche Zukunft auf italischem Boden, sondern neue, schreckliche Kriege. Aeneas, der Leidgeprüfte, bittet nun, den Weg zum Vater gehen zu dürfen. Aus pietas, aus Sohnesliebe, will er zu den Toten hinabsteigen, aber er soll aus dieser Begegnung Kraft gewinnen für das Leben. Die Priesterin wird ihn führen, sie ist nicht nur Dienerin Apollos, sondern auch der Unterweltsgöttin Hekate. Zuerst muß Aeneas den goldenen Zweig finden, den die Königin des Totenreichs von denen fordert, die hinab- und wieder hinaufsteigen dürfen. Auch hat er seinen plötzlich verstorbenen Gefährten Misenus zu bestatten, um nicht die Weihe des heiligen Ortes zu stören. Während Aeneas das Begräbnis rüstet, findet er den geheimnisvollen Zweig, den Vergil mit der Mistel vergleicht, dem Symbol für Tod und neues Leben.[127]

Auf den vulkanisch brodelnden Phlegräischen Feldern, am Avernersee, öffnet sich ein Erdspalt, durch den Aeneas und die Sibylle zu den Unterirdischen hinabsteigen. In der homerischen Hadesszene beschwört Odysseus am Rande der Welt mit einem rituellen Opfer die Toten und

Die Akropolis von Cumae bei Neapel

zieht sie magisch an. Aeneas aber tritt einen Weg an; er durchwandert alle Reiche des Jenseits. Das Symbol des Weges, den Vergils Held zurückzulegen hat, bestimmt auch die Komposition des Unterweltsbuches.

Ibant obscuri sola sub nocte per umbram,
perque domos Ditis vacuas et inania regna.
Beide, von einsamer Nacht verborgen, wandern im Dunkel
Durch die verödeten Sitze des Dis, die leblosen Reiche:
Wie beim spärlichen Schein des matten Mondes die Straße
Durch die Wälder zieht, wenn Jupiter wolkig den Himmel
Trübt und dunkel die Nacht den Dingen die Farbe genommen.

(Aen. VI 268 ff)

Eine fremde und seltsam eindringlich geschilderte Welt tut sich vor uns auf – eine Fantasy-Welt. Es sei – stellvertretend für ungezählte andere sprachlich-dichterische Schönheiten des Werkes – auf die lyrische Intensität dieser Verse hingewiesen. Das Bild des Gleichnisses mit seinem diffusen Licht ist in den vorhergehenden (auch lateinisch zitierten) Versen in Klangmalerei umgesetzt. Die verschiedenen Vokale geben das Hell und Dunkel des Mondes und der Bäume auf dem Waldweg wieder. Dabei sind die Adjektive umgestellt (Enallagē): Eigentlich ist die Nacht dunkel, und allein sind die beiden, aber hier ist eine andere Welt, in der es einzig Nacht gibt und Dunkel für die Menschen. Dann malen die langen a-Vokale eine Gegend von trostloser Leere und Unendlichkeit, in der kein echtes Leben herrscht, nur ein Schattendasein. Die wenigen Verse sind nur ein Beispiel für den Stimmungszauber und die Beseelung der vergilischen Sprache, die auch in der Übersetzung noch spürbar sind.

Die Grotte der Sibylle von Cumae

Der Avernersee

Aeneas und die Sibylle kommen zum Haus des Hades. In seinem Vorhof hausen die Schreckgespenster der Menschheit, Sorge, Furcht, Krankheit und Tod. Auf der Schwelle sitzen Krieg und Zwietracht. Im Nachen des Fährmannes Charon überqueren Aeneas und seine Führerin den Unterweltsfluß Acheron und treten in die streng geschiedenen Bereiche der Seelen ein. In den Trauergefilden wandeln die «Unvollendeten», die vor ihrer Zeit gestorben sind, wie die Opfer verzehrender Liebe, unter ihnen Dido. Noch einmal treffen sich die Liebenden, und nun sind die Rollen vertauscht. Unter Tränen und voll zärtlicher Liebe spricht Aeneas die Königin an. Er bittet sie, stehenzubleiben und ihm, der sie wider seinen Willen und nur auf göttlichen Befehl verlassen habe, nur ein Wort zu gönnen. Aber nun ist es Dido, die unbewegt bleibt. Sie blickt Aeneas nicht einmal an, sondern geht stumm und unversöhnt vorüber. Erschüttert und unter Tränen blickt Aeneas ihr noch lange nach. Die Begegnung beschließt die Tragödie von Dido und Aeneas. Man spürt nun die Liebe des Mannes, die er beim Abschied unterdrücken mußte, um nicht ungehorsam gegen die Götter zu werden. Vergil mildert die Szene, indem er Dido – gegen die strenge Ordnung des Hades – ihren ersten Gemahl Sychaeus beigibt, der ihren Kummer mit seiner Liebe lindert.

Die nächste Begegnung führt Aeneas noch weiter in die Vergangenheit zurück. Er trifft seinen Verwandten und Kriegskameraden Deiphobos, der ihm noch einmal die schreckensvolle Nacht von Trojas Untergang ins Gedächtnis ruft. Die Sibylle drängt zum Weitergehen; sie führt Aeneas endgültig von seiner troischen Vergangenheit fort.

Am Kreuzweg sind sie nun angelangt; rechts führt der Weg zu den Gefilden der Seligen, links aber geht es zur Festung des Tartarus, wo die

Frevler büßen. Die Sibylle erzählt vom Totengericht des Rhadamanthus, der in Jupiters Auftrag den Schuldigen ihre Strafe zuteilt. Die mythischen Frevler sind hier: die Titanen, Tantalus und Sisyphus, aber auch die Menschen, die sich gegen die ewigen, die ungeschriebenen Gesetze vergangen haben: wer den Bruder gehaßt, die Hand gegen den Vater erhoben, Betrug gegen Vertragspartner geübt, wer den Seinen ihr Gut vorenthielt, Ehebruch beging oder den Treueeid als Gefolgsmann verletzte. Dieser Sündenkatalog scheint christliche Vorstellungen vorwegzunehmen. Gewalt, Trug und Verrat sind auch die Sünden, welche die «Dreieinigkeit des Bösen» bilden und in den tiefsten Tiefen der Hölle gebüßt werden. So lesen wir es in Dantes «Göttlicher Komödie», einer visionären Wanderung des Dichters durch die drei Reiche des Jenseits. Das 6. Buch der *Aeneis* hat Dante zu seinem kongenialen Werk inspiriert. Deshalb läßt er Vergil als seinen Führer durch Hölle und Läuterungsberg, durch die Kreise des Inferno und Purgatorio, auftreten. Dantes Vergil ist der christlich verstandene Heilskünder der *4. Ekloge*, der Dichterfürst und Inbegriff aller Weisheit. Aber er ist auch der Landsmann Dantes, und beide Dichter, der antike wie der mittelalterliche, erheben mahnend ihre Stimme gegen Zwietracht, Willkür und Bürgerkrieg. Die Schilderungen der bestraften Frevler – bei Dante breit ausgemalt in den Schreckensszenen des Inferno, bei Vergil nur von der Sibylle erzählt – dienen jeweils als Beweis für eine göttliche Gerechtigkeit. Sie sind zugleich auch eine Mahnung an die Lebenden:

Lernet Gerechtigkeit, laßt euch warnen und achtet die Götter! So ruft einer der Frevler aus der Tiefe des Tartarus.[128]

Aeneas und die Sibylle aber schreiten durch das Tor ins Elysium. Sie kommen in die Gefilde der Seligen, die Gerechtigkeit geübt haben und belohnt wurden. Ein heiteres Bild bietet sich hier: Auf grünen Auen und in schattigen Hainen sind die Seligen versammelt, die Vaterlandsverteidiger, die Priester und Dichter, die Philosophen, die Erfinder der Künste und Wissenschaften – alle, deren Verdienste um die Menschheit ihnen ein ehrendes Andenken sicherten.

Mit Orpheus beginnt der «Reigen der seligen Geister», er ist für Vergil die Verkörperung des vates, des priesterlichen Sängers und Dichters, der durch seinen Gesang die Menschen zur Gesittung und die wilden Tiere zur Sanftmut bewegt.[129]

Nun werden Aeneas und die Sibylle zu Anchises geleitet. Im Elysium darf sich jeder den Tätigkeiten widmen, die ihm auf Erden lieb waren. Wir treffen den Vater Anchises bei einer Beschäftigung, wie sie einem römischen Zensor ansteht: Er mustert die Schar der Seelen, die als seine Nachfahren zum Licht emporsteigen sollen. Voll zärtlicher Liebe begrüßen sich Vater und Sohn. *Deine pietas* hat dich hergeführt, wie ich es erwartete, sagt Anchises und betont, welche Sorgen er sich um den Sohn gemacht hat und welche Angst er hatte – ganz behutsam drückt er sich aus –, daß Libyens Königreich dem Sohn Schaden brächte. *Dein Bild stand mir vor Augen und hat mich hergeleitet. Die Flotte liegt am Strand Italiens*, antwortet Aeneas. Er hat das Seine getan, nun aber will er den Vater

*Eugène Delacroix: «Dante und Vergil auf der Überfahrt zur Unterwelt», 1822.
Paris, Louvre*

umarmen, seine Hand ergreifen, so bittet er unter Tränen. Dreimal sucht
er den Vater zu umfassen, dreimal weicht die Schattengestalt vor ihm
zurück wie ein Traumbild. So streckt Odysseus in der Totenwelt vergebens die Arme nach seiner Mutter aus. Vergil benutzt das homerische
Motiv mehrmals, um zu zeigen, wie seinem Helden die menschliche Nähe
verwehrt ist, nach der er sich sehnt. In Troja wünscht er sich vergebens,
die Gattin zu umarmen, und in Karthago darf er nicht einmal die Hand
der Mutter zum Trost erfassen. Nur einmal kann er sich einer mütter-
lichen Umarmung erfreuen: als Venus ihm die Waffen zum Kampf
bringt.[130] Für Aeneas gibt es keine «privaten» Gefühle, so sehr er sich
auch danach sehnt. Der Dichter bricht die Wiedersehensszene ab und
lenkt die Aufmerksamkeit seines Helden auf die Seelen, die bereit sind,
zum Licht aufzusteigen. *Ich wünschte schon längst,* sagt Anchises, *dir
diese zu zeigen, dir unsere Nachkommen aufzuzählen, damit du dich mit
mir zusammen noch mehr freust, Italien gefunden zu haben.*[131] Hier erscheinen Sinn und Ziel von Aeneas' Hadesfahrt. Er soll nicht länger ein
«Überlebender wider Willen» (Michael von Albrecht) sein, sondern
Troja endgültig hinter sich lassen und bewußt den Weg nach Rom be-
schreiten. Bewußt und freudig – nachdem Aeneas so lange nur in Entsa-
gung und Pflichterfüllung gelebt hat. *Ich will dir die Enkel vom Dardaner-
und Italerstamm zeigen und dir dein Schicksal weisen,* sagt Anchises.
Aeneas' Schicksal ist nicht nur sein persönliches Geschick, sondern umfaßt das künftige Rom und seine Geschichte. Die folgende Schau der zu-
künftigen Römer ist einbezogen in eine Lehre von der Seelenwanderung,

von der Wiedergeburt, vom Entstehen und Vergehen der Welt: Gedanken der platonischen, stoischen und pythagoreischen Philosophie. Sie sind keine «Einlage», sondern zeigen auch Roms Geschichte eingeordnet in die ewige Gesetzmäßigkeit des Kosmos, in dem der Mensch seinen Platz hat und seine Aufgabe erfüllen soll. «Die Menschen sind nach dem Gesetz geschaffen, daß sie diesen Globus, der Erde genannt wird, schützen und verwalten sollen»[132], heißt es in der Traumerzählung Scipios in Ciceros «de re publica», einer Kosmosschau und Jenseitsvision, die sich vielfach mit Gedanken Vergils berührt.

Aeneas und Anchises blicken nun von einem Hügel aus auf die Gestalten, die in einem langen Zug herankommen. Der römische Leser mußte sich an die pompa funebris erinnert fühlen, an den feierlichen Leichenzug beim Begräbnis eines vornehmen Römers. Dabei gingen Schauspieler mit, die Wachsmasken der berühmten Vorfahren des Toten trugen sowie die Gewänder und Insignien der Ämter und Ehrenstellen, die jene innegehabt hatten. In langer Prozession zogen so gleichsam alle Ahnen des Geschlechts, die sich um Rom verdient gemacht hatten, vorüber: ein Ansporn für die Jüngeren, es ihnen gleichzutun. Vergil hat seinen Zug in einzelne Gruppen gegliedert, die jeweils mit einer Sentenz beschlossen werden. Mit einem Jüngling beginnt die «Heldenschau», mit Silvius, dem Sohn des Aeneas von der latinischen Königstochter Lavinia. Er wird der Stammvater der albanischen Könige werden, die in Alba Longa regieren und die latinischen Städte gründen. Dann kommt Romulus, ausgezeichnet durch den Kriegerhelm seines Vaters Mars. Er wird auf sieben Hügeln die Stadt Rom gründen. Hier in Rom wird das Geschlecht des Aeneassohnes Julus glorreich weiterleben, in Caesar und seinem Nachkommen Augustus:

Der, ja der ist der Mann, der dir so häufig verhießen,
Caesar Augustus, des Göttlichen Sohn. Die goldenen Zeiten
Bringt er nach Latium wieder, wo einst Saturnus regierte.

(Aen. VI 791 ff)

Dieses goldene Zeitalter, das Augustus heraufführen soll, wird im ersten historischen Vorblick, der Jupiterrede des ersten Buches, näher ausgemalt. Der höchste Gott beruhigt die besorgte Mutter Venus mit der Verheißung eines *Reiches ohne Ende* für ihren Sohn und seine Nachkommen. Die Verheißung findet ihren Höhe- und Endpunkt aber nicht in der Aussicht auf eine glanzvolle Herrschaft. Jupiter fährt fort:

Dann nehmen die Kriegswirren ein Ende, und die harten Zeiten werden
sich mildern. Fides, die altersgraue, Vesta und Quirinus, vereint mit dem
Bruder Remus, sollen Gesetze erlassen. Mit Eisen und Klammern werden
die unheilverkündenden Pforten des Krieges verriegelt. Darin wird, die
Arme rücklings gebunden mit hundert ehernen Ketten, die ruchlose Kriegs-
furie, auf ihren Mordwerkzeugen hockend, schauerlich schnauben aus
blutigem Rachen.

(Aen. I 291 ff. Übers. von Volker Ebersbach)

Augustus, nach 27 v. Chr. Chiusi, Museo Etrusco

Darin sieht Vergil das letzte Ziel von Roms Geschichte: Die Bürgerkriegsfurie (*Furor impius*) wird endlich gebändigt sein, Romulus (Quirinus) gibt gemeinsam mit seinem Bruder Remus Gesetze: Es wird keinen Brudermord mehr geben, Frieden und Gerechtigkeit werden herrschen: Das ist für Vergil das goldene Zeitalter nach einem Jahrhundert des Bürgerkriegs.

Augustus, der berufen ist, jenes Friedensreich heraufzuführen, erscheint trotz der großen Bedeutung, die ihm damit zugewiesen ist, nicht als krönender Abschluß der Römerschau im sechsten Buch. Vergil hat ihn zwischen Romulus und dessen Nachfolger, König Numa, gestellt. Romulus war der Stadtgründer, Numa aber hat die rauhen Romulussöhne erst an mores und religio, an Gesittung und religiöse Bindung gewöhnt.[133] Er erscheint darum im Zuge der Römer mit dem Olivenkranz des Sühnepriesters und mit Opfergerät in der Hand. Augustus, der zwischen beiden steht, soll beider Aufgabe übernehmen: Roms Stellung sichern und dem

Staat durch die Erneuerung der Vätersitten eine dauerhafte sittliche Basis geben. Augustus hat diesen Appell angenommen und sich nach Kräften um eine innere Erneuerung bemüht.[134]

Auf Numa folgt eine lange Reihe berühmter Männer, durchaus nicht nur makellose Helden. Gar zu viel Ehrsucht beweist König Ancus, und Brutus, der Gründer der römischen Republik, opfert die eigenen Kinder für die Freiheit.

Dann kommen zwei Männer, die auf die Ehre der Namensnennung verzichten müssen. Schwiegervater und Schwiegersohn sind es, die blutigen Krieg gegeneinander entfesseln werden. Anchises ruft aus: *Gewöhnt euch doch nicht an solche Kriege, ihr Söhne, kehrt die wehrhaften Waffen nicht gegen das Herz des Vaterlandes! – Lege das Schwert aus der Hand, du mein Blutsverwandter![135]* appelliert er darauf an den künftigen Julius Caesar, der gegen seinen Schwiegersohn Pompeius in den Bürger- und Bruderkrieg ziehen wird.

Vergils Römerschau ist keine Apotheose. Nach dem Hoffnungsstrahl eines goldenen Zeitalters fallen wieder dunkle Schatten auf Vergils Bild. Die Furie des Krieges ist nur gefesselt; der Friede ist eine kostbare Weltstunde, die es zu bewahren gilt.

Eine neue Gruppe erscheint vor den Augen des Aeneas und Anchises, die römischen Feldherrn, die Griechenland besiegten. In der Perspektive des Aeneas sind sie die Trojanerenkel, die eine späte Rache für Troja nehmen. Für den Leser tut sich die Mittelmeerwelt auf mit ihren Stätten alter hellenischer Kultur, die nun von Rom verwaltet werden, das Herrin und Schülerin der Hellenen zugleich ist. Anchises weist Aeneas, den er als den künftigen Römer anspricht, seine Aufgabe zu:

Andere mögen Gebilde aus Erz wohl weicher gestalten,
Dünkt mich, und lebensvoller dem Marmor die Züge entlocken,
Besser das Recht verfechten und mit dem Zirkel des Himmels
Bahnen berechnen und richtig den Aufgang der Sterne verkünden:
Du aber, Römer, gedenke die Völker der Welt zu beherrschen –
Darin liegt deine Kunst – und schaffe Gesittung dem Frieden,
Schone die Unterworfenen und ringe die Trotzigen nieder.

(Aen. VI 847 ff)

Tu regere imperio populos, Romane, memento –
hae tibi erunt artes – pacique imponere morem,
parcere subiectis et debellare superbos.

(Aen. VI 851 ff)

Diese Verse von der Bestimmung des Römervolkes sind allenthalben wahrhaft erschöpfend behandelt, ob als Ausdruck eines segensreichen Ordnungsprinzips oder einer imperialistischen Ideologie.[136] Man sollte dabei nicht übersehen, daß diese Stelle, ebenso wie die Jupiterrede des 1. Buches, eine Perspektive für Aeneas und eine für den Leser aufweist.

Ein großes Reich und die Herrschaft über die Völker – eine glänzende Zukunftsaussicht für Aeneas – besaßen die Römer seit langem unange-

Kap Misenum (Punta di Miseno) bei Neapel, benannt nach Misenus, dem dort umgekommenen Gefährten des Aeneas

fochten. Für ihre Zeit galt *pacique imponere morem*: Rom muß, nachdem der Friede im Bürgerkrieg erreicht ist, zu einem Reich der Gesittung und der Kultur im Mittelmeerraum (der damaligen «Welt») werden. Eine griechisch-römische Kultursynthese vermag das Beste beider Völker, wie griechische Kunst und Philosophie und römisches Recht, zum Besitz der Menschheit zu machen. Diese «Romidee», zu der Vergil so entscheidend beigetragen hat, ist unter Kaiser Trajan bereits zur übernationalen, allgemeinen Zivilisationsidee geworden, der noch Augustinus und die christlichen Denker des Mittelalters ihren Tribut zollen.[137]

Was die zeitgenössischen Leser aber vor allem aus diesen Versen herauslasen, war die programmatische Antwort ihres Dichters auf die Frage der aemulatio, des geistigen Wettstreits mit den Griechen. Und dabei mußte ein Kunstgriff des Dichters auffallen, der zu einem Lächeln des Einverständnisses herausforderte. Vergil konzediert den Griechen den Vorrang in der bildenden Kunst, in der Gerichtsrede, in der Naturwissenschaft, aber er schweigt von der Dichtkunst! In den *Georgica*, die ihm ein freieres Reden gestatteten als die epische Dichtungsform, hatte er stolz von einem Tempel gesprochen, den er den Musen vom Berge Helikon in Italien errichten wolle. Hier überläßt er es dem Leser, die Antwort zu formulieren: Die Dichtkunst gehört nicht mehr (nun nicht mehr!) zu den Gebieten, auf denen die Griechen den Römern überlegen sind. Damit war der Schritt zu einer römischen Klassik getan.

Die Schau der römischen Geschichte schließt nicht mit den berühmt gewordenen Versen von Roms Bestimmung. Indem man sie so oft aus dem Zusammenhang reißt, zerstört man das typisch Vergilische der Römerschau. Es folgt ein weiterer Held, der Sieger über die Gallier, über Hannibal, der Eroberer von Syrakus, M. Claudius Marcellus, «das Schwert Roms». Doch Aeneas wendet seinen Blick auf den Begleiter des Kriegshelden. «Wer ist der edle Jüngling dort», fragt er, «solch eine herrliche Erscheinung, aber mit traurigem Blick?»

Es ist Marcellus, der Sohn von Augustus' Schwester Octavia, Gatte seiner Tochter Julia. Der Princeps hatte ihn wie einen Sohn geliebt und zu großen Aufgaben bestimmt. Im Jahre 23 war er, gerade zwanzig Jahre alt, gestorben. Vergil legt Anchises eine rührende Totenklage in den Mund:

Tu Marcellus eris – du wirst Marcellus sein!
Mit Lilien füllt mir die Hände,
Gebt mir Purpurblüten zu streun, die Seele des Enkels
So, mit Spenden umhäuft, zu erfreun, wie nichtig die Gabe
Immer auch sei!

(Aen. VI 883 ff. Übers. von August Vezin)

Als Vergil das 6. Buch im Kreise des Augustus vorlas, soll die untröstliche Mutter des Marcellus bei diesen Worten in Ohnmacht gefallen sein. Das tiefe Mitgefühl des Dichters offenbart zugleich seine Hoffnung auf die *nova progenies*, das neue Geschlecht, das, rein von der Schuld der Bürgerkriege, die neue Zeit tragen sollte. Es ist wahrscheinlich, daß im Jahre 23 v. Chr., in dem Vergil sein 6. Buch der *Aeneis* schrieb, die Säkularfeier abgehalten werden sollte.[138] Schon in der *4. Ekloge* deutet Vergil auf eine Jahrhundertfeier voraus, die dann wegen des erneut ausgebrochenen Bürgerkriegs nicht stattfinden konnte. Nachdem nun der Janustempel endlich geschlossen und das Staatswesen geordnet war, schien der Zeitpunkt gekommen, mit den Sühne- und Weiheriten der Säkularfeier den Abschluß der Bürgerkriegsepoche und den Beginn einer Friedensära zu dokumentieren. Aber eine Epidemie, die den jungen Marcellus dahinraffte und Augustus an den Rand des Grabes brachte, verhinderte die Festfeier. Sie fand erst im Jahre 17 v. Chr. statt. Horaz verfaßte das Festlied, das «carmen saeculare», in dem er Aeneas auftreten läßt und das 6. Buch der *Aeneis* geradezu zitiert – eine Huldigung an den verstorbenen Freund und eine Erinnerung an die damals geplante Feier. Der Zug der Knaben und Mädchen, die das Festlied sangen, wäre im Jahre 23 von dem jungen Marcellus in priesterlichem Amt angeführt worden.

Mit einem Jüngling hatte der Zug der künftigen Römer begonnen, mit Silvius, dem nachgeborenen Sohn des Aeneas. Mit dem frühvollendeten Marcellus schließt er nun. Die Götter haben ihn uns nicht länger gegönnt, damit wir uns nicht im Glück überheben, sagt Anchises. Kein strahlender Glanz zum Abschluß, sondern Tränen statt Triumphe.

Aeneas in Latium

Nach dem Abschied von Anchises kehren Aeneas und die Sibylle zur Oberwelt zurück. Aeneas begibt sich zur Flotte und segelt nach Latium. Eine liebliche Landschaft an der Tibermündung nimmt die Aeneaden auf, ein Götterzeichen gibt ihnen die Gewißheit, endlich am rechten Ort angelangt zu sein.[139] Der Dichter unterbricht sein Epos, um in homerischer Manier durch einen erneuten Musenanruf auf einen Einschnitt aufmerksam zu machen.

Lehre o Göttin, den Dichter: Ich künde furchtbare Kriege.
Höheres setz' ich ins Werk.

(Aen. VII 41; 44)

Ganz Italien stand damals unter Waffen, Fürsten trieb unheilvoller Grimm zum Tode. Es geht nicht nur um das Schicksal der Aeneaden, sondern ganz Italiens. Nach der odysseischen Hälfte des Epos, welche die Irrfahrten und den Weg zur Heimat schilderte, folgt nun die iliadische, die Kampf und Krieg bringen wird.[140]

Wie schon in der ersten *Aeneis*-Hälfte, so zeichnet Vergil auch hier mit knappen Strichen den Schauplatz, stellt die Personen vor und knüpft die Fäden der Handlung. Die Trojaner kommen mit einer Gesandtschaft zu König Latinus, der hier in der Stadt Laurentum (südlich von Ostia) herrscht. Seinem einzigen Kind Lavinia haben Göttersprüche einen Gatten aus der Fremde prophezeit. Er erkennt nun, daß Aeneas und nicht der Rutulerfürst Turnus der verheißene Gemahl seiner Tochter ist. Er nimmt das Bündnisangebot der Trojaner an, zumal auch beide Völker von Urzeiten her verwandt sind. Dardanus, der Ahnherr der Trojaner, stammte aus Italien, und die Aeneaden haben also, wie die Orakel kündeten, ihre alte Heimat gesucht und gefunden. Ein Bündnis, eine baldige Hochzeit, eine friedliche Zukunft? Aber die unversöhnliche Juno setzt nun die Hölle in Bewegung.[141] Die Furie Allecto, der böse Geist der Zwietracht und des Krieges, hetzt den Fürsten Turnus zum Kampf um Lavinia und die Latiner zum Bruch des Bündnisses auf. Allecto erscheint als die Verkörperung der dämonischen Kräfte im Menschen, die, stärker als jede Vernunft, immer wieder aus seinem Innersten hervorbrechen. So hatte Vergil den Krieg erlebt, nicht als Abwehrkampf gegen einen «Hannibal vor den Toren», sondern ausgelöst von irrationalen Triebkräften einzelner. Denen aber, die nicht verblendet sind, erscheint ein solcher Krieg als Raserei und

«Zum Landungsplatz des Aeneas», Gasthaus bei Ostia

Besessenheit, als Werk einer Höllenfurie. Was die dämonischen Kräfte in der Welt bewirken, wird letztendlich aber zur Geschichte, die ihre Eigengesetzlichkeit entwickelt. So kann Vergil – mit dem Blick auf das Ziel und Ende solchen Widerstreits – auch diese dunklen Mächte als Wirkkräfte in der Welt seinen Göttern zuordnen, ohne deren Göttlichkeit, ihr *numen*, zu verletzen. Schmerzlich erscheint es dem Dichter, wie das friedliche Latium in Krieg und Unheil gestürzt wird. Aber am Ende des 7. Buches läßt er den glänzenden Heerbann der einzelnen Völker vorüberziehen, die kraftvollen Söhne und die mutige Tochter der Saturnia Tellus. In solchen Kriegen der Frühzeit, wie sie nun geschildert werden, kämpften Latiner, Sabiner, Volsker und Samniten gegeneinander. Aus der Vielzahl der Völker aber erwuchs das geeinte Italien seiner Zeit, das Vergil in den *Georgica* preist. Die einstigen Gegner sind heute stolz darauf, Italiker und Römer zu sein. Vergil, der Dichter Roms, war selbst noch in einer gallischen Provinz geboren; er mußte diese Antinomie der Geschichte besonders intensiv empfinden.

Wo jetzt das gewaltige Rom sich bis zum Himmel türmt, dort hatte damals Euander seine bescheidene Herrschaft.[142] Hierher ist Aeneas auf Geheiß des freundlichen Flußgottes Tiber gekommen, um Hilfe und Bündnispartner zu finden. König Euander stammt aus Arkadien, und arkadisch ist auch sein Land, über dem noch ein letzter Abglanz des einstigen goldenen Zeitalters liegt, eine *Saturnia Tellus* wie das Italien der *Georgica*.[143] Frömmigkeit, Bescheidenheit und Gastfreundlichkeit sind hier zu Hause. Der König nimmt Aeneas herzlich auf. Er lädt ihn zu einer Festfeier ein[144] und zeigt ihm seine Stadt Pallanteum, ein kleines «Urrom». «*Dort, wo sich heute der goldene Jupitertempel auf dem Kapitol erhebt, verehrte man einstmals in dichtem Waldgestrüpp mit frommem Schauder die Gottheit*», sagt Vergil.[145] Das frühere goldene Zeitalter und der goldprangende Tempel der Gegenwart: beziehungsvolle Anfangs- und Endpunkte des Weges vorbei an den Stätten des heutigen Rom.

Vergil vergönnt seinem Helden ein letztes Ausruhen in einer stillen, friedlichen Welt. Aber das goldene Zeitalter ist auch hier vorüber, seit die

Das Opfer des Aeneas in Latium. Relief von der Ara Pacis in Rom, 9 v. Chr.

Venus Victrix (die Siegreiche) bringt Aeneas die Waffen. Denar, 44 v. Chr.
Die römische Wölfin mit Romulus und Remus. Didrachme, ca. 269 v. Chr.

Kriegswut und die «*Begierde zu haben*» aufkamen.[146] Der etruskische Tyrann Mezentius bedroht Euanders Reich, und die Rutuler sind Feinde der Arkader. Der alte König, dessen Vater schon ein Gastfreund des Anchises war, schließt mit Aeneas ein Bündnis der Gastfreundschaft und Waffenhilfe. Er gibt ihm sein Heer und seinen einzigen Sohn Pallas mit. Truppen der Etrusker, die sich gegen ihren König Mezentius erhoben haben, werden ebenfalls mit Aeneas ziehen. Eine günstige Wendung der Dinge, aber Aeneas ist bedrückt durch die Last der Verantwortung. Er und sein Begleiter Achates *wälzen schwere Gedanken in traurigem Herzen*[147]. Aeneas ist der Mann, der schon einen Krieg erlebt hat, und der nicht wie der jugendliche Heißsporn Turnus hochgemut in das Abenteuer Krieg zieht. Erst ein Zeichen vom Himmel beendet seine Zurückhaltung. *Ego poscor Olympo – Ich bin es, den der Himmel fordert*, erkennt Aeneas. Er muß die Führerrolle annehmen und um die neue Heimat kämpfen. Er tut es im Bewußtsein der künftigen Leiden, die ohne den Bruch des Bündnisses vermeidbar gewesen wären:

Weh, welch blutiges Schlachten euch arme Latiner erwartet!
Welche Buße sollst du mir zahlen, Turnus!

(Aen. VIII 537 f)

Der Besuch des Aeneas bei Euander begann mit einem ländlich-heiteren Fest. Er endet mit dem Auszug der Krieger, denen die Mütter voll Angst nachblicken, während der König, von bangen Ahnungen überwältigt, bewußtlos niedersinkt.

Noch beginnt der Krieg nicht, noch einmal macht Aeneas Rast in einer lieblichen Gegend. In einem heiligen Hain erscheint ihm seine Mutter

Venus. Sie bringt ihm als Geschenk die Waffen, die ihr Gemahl, der Feuer- und Schmiedegott Vulcan (griech. Hephaistos) für Aeneas verfertigt hat. Mit diesen Waffen kann er den Kampf gegen Turnus aufnehmen, der ein göttergeschmiedetes Schwert besitzt.[148] Ihrem Sohn zuliebe hat Venus ihre friedliche Welt auf der Insel Zypern aufgegeben. Als Schützerin des Aeneas bildet sie das Gegengewicht zur feindlich zürnenden Juno. Sie hilft ihrem Sohn, wie es die Göttin Thetis in der «Ilias» tut. Thetis bringt ihrem Sohn neue Waffen, die der Gott Hephaistos für ihn geschmiedet hat. Patroklos war an Stelle seines zürnenden Freundes Achilleus mit dessen Waffen in die Schlacht gezogen. Hektor hatte ihn getötet und ihm die Waffen geraubt. Das hervorragendste Waffenstück ist bei Homer wie bei Vergil der Schild. Er ist mit verschiedenen Szenen geschmückt, die vom Dichter als malerisch-dramatische Bilder beschrieben werden. Der Schild Homers enthält Bilder aus allen Bereichen des menschlichen Lebens: Krieg und Frieden, Stadt- und Landleben, Arbeit und Festfeier, Hochzeit und Tod, «die Vision alles Seienden in seiner lebendigen Ordnung und umfassenden Ganzheit»[149].

Auf dem Schild des Aeneas hat Vergil Szenen aus der römischen Geschichte dargestellt. Er beginnt mit der Wölfin, die Romulus und Remus säugt, dann folgen Szenen, die vorausdeutend und erklärend von Vertrag und Rechtsbruch handeln, von Angriff und Verteidigung, Recht und Unrecht.[150] Schließlich erblickt man auf den Fluten des Meeres die Schiffe bei der Seeschlacht von Actium. Mit hoheitsvoller Gebärde entscheidet Apollo, der Gott eines neuen Zeitalters, die Schlacht. Die Besiegten nimmt der Vater Nil mitleidig in seine Fluten auf. Augustus aber, der Triumphator, sitzt, so will es der Dichter, auf der Schwelle des Apollotempels. Als Diener und Repräsentant des Gottes nimmt er die Siegeszeichen von Actium entgegen und hängt sie als Weihgeschenke auf. Der pius Augustus – ein Bild der Zuversicht und des Friedens, nachdem man im 6. Buch auf der Schwelle des Hades die finsteren Dämonen des Krieges sitzen sah.

Aeneas betrachtet das Geschenk der Mutter mit Freude, aber ohne die Bedeutung zu kennen.

Attollens umero famamque et fata nepotum.
Und er hebt auf die Schulter den Ruhm und das Schicksal der Enkel.

(Aen. VIII 731)

Die Schildbeschreibung des 8. Buches hat seit jeher zum Vergleich Vergils mit Homer herausgefordert. Der antike Kommentator Servius hebt folgenden Unterschied hervor: Homer beschreibt den Schild, während er verfertigt wird. Vergil aber schildert ihn, als Aeneas ihn betrachtet. Lessing, der beide Schildbeschreibungen in seinem «Laokoon» vergleicht, tadelt Vergil. Seine Schilderung beim bloßen Betrachten lasse die Handlung zum Stillstand kommen. Außerdem sei ihm im Gegensatz zu Homer der Zierat wichtiger als der Schild selbst, ja dieser werde eigentlich nur wegen der Bilder angefertigt. «Der witzige Hofmann leuchtet überall durch, der mit allerlei schmeichelhaften Anspielungen seine Materie aufstutzt, aber nicht das große Genie, das sich auf die eigene innere Stärke seines Werkes verläßt … Der Schild des Aeneas ist folglich ein wahres Einschiebsel, einzig und allein bestimmt, dem Nationalstolz der Römer zu schmeicheln; ein fremdes Bächlein, das der Dichter in seinen Strom leitet, um ihn etwas reger zu machen.» [151] Mit gleichem Recht könnte man freilich kritisieren, daß die Bilder auf dem homerischen Schild nichts mit der Handlung vom Zorn des Achilleus zu tun hätten. Beide Dichter verfolgen eine bestimmte Absicht: Homer will mit den Bildern des menschlichen Daseins einen Ruhepunkt bieten vor dem großen Schlachtgeschehen, einen Blick auf die unzerstörbare Ganzheit des Lebens. Das gleiche hat Vergil bereits mit dem Besuch in der arkadischen Welt des Euander getan. Er läßt Aeneas nun auf dem Schild Bilder seines künftigen Volkes und damit seiner eigenen Existenz betrachten. Für den rachedürstenden Achilleus wäre eine solche Betrachterrolle unangemessen gewesen. Bei Aeneas aber denkt man an Karthago, wo er vor den Tempelreliefs steht, unter Tränen in seine Vergangenheit zurückversetzt. Hier aber ist er froh in die Betrachtung der Zukunft vertieft. An Hand dieser «Gegenbilder» wird deutlich, wie weit Vergils Held auf seinem Weg von Troja nach Rom inzwischen gekommen ist.

Während Aeneas noch bei Euander weilt, berennt Turnus das befestigte Lager der Trojaner. Die Abwesenheit des Haupthelden – wie des zürnenden Achilleus in der «Ilias» – erlaubt es dem Dichter, auch die Gegenseite siegreich zu zeigen und andere Kämpfer hervortreten zu lassen. In kühner Siegeszuversicht pocht Turnus auf seine eigenen fata, die ihn heißen, das verhaßte Geschlecht der Aeneaden, das ihm die Gattin rauben wolle, von der Erde zu vertilgen. Diese Übersteigerung und Anmaßung – noch ist er nicht einmal mit Lavinia verlobt – charakterisieren Turnus wie das Gleichnis vom siedenden und überkochenden Kessel.[152] «Charakter und Handeln des Turnus entsprechen weitgehend dem von Aristoteles entworfenen Porträt des jungen Menschen.» [153] Das wilde Ungestüm und die übermäßige Siegeszuversicht hat Turnus als epischer Held auch mit Hektor gemeinsam, der im Schiffskampf der «Ilias» wie Turnus Götterzeichen mißachtet und sich schließlich in einen verhängnisvollen Siegeswahn hineinsteigert. Wie Hektor ist Turnus trotz seiner Verblendung als Vorkämpfer seiner Heimat gesehen. Gleichnisse verbinden ihn mit den Flüssen und Quellen seiner Heimat. Mit der sorgsamen Charakterisierung auf dem Hintergrund der «Ilias» erhebt Vergil Turnus zum würdigen Gegenspieler seines Trojahelden Aeneas.

Die stete Konfrontation mit dem homerischen Vorbild erschien dem zeitgenössischen Leser keineswegs als Mangel an Originalität. Ein «Originalgenie» im Sinne des Sturm und Drang wäre in der Antike wegen seiner Formlosigkeit und Ungebundenheit geradezu auf Ablehnung gestoßen. Die Musen sind keine rasenden Mänaden, sondern die zuchtvollen Töchter des Göttervaters und der Erinnerung. Das Klassische, das heißt, das Vollendete und Maßgebende, muß alles Frühere in sich aufnehmen und auf diesem Hintergrund das Neue abbilden. Um ein großes Epos mit all seinen vielfältigen Bezügen glaubhaft zu gestalten, mußte der

Der verwundete Aeneas (Aen. XII 398 ff) mit Venus und Ascanius.
Fresco aus Pompeji, um 70 n. Chr.

Dichter ein poeta doctus sein. Dem Leser aber war damit eine aktive Rolle zugewiesen. Er konnte auf Grund seiner eigenen Kenntnisse (besonders des Homer, der Schullektüre war) das Werk «entschlüsseln». Hierin stehen wir heute der antiken Literaturwelt wieder näher als die Geniezeit. Auch wir sind gewohnt, Dichtung auf einem gegebenen Hintergrund zu lesen und zu deuten. Man denke an die zahlreichen Dramen mit antiken Stoffen, zum Beispiel «Der Trojanische Krieg findet nicht statt» von Jean Giraudoux, Sartres «Fliegen» nach dem griechischen Atridenmythos oder den Roman «Ulysses» von James Joyce.

Bevor die Handlung mit der Rückkehr des Aeneas ihrem Höhepunkt entgegengeht, stehen sich in einer Götterversammlung Venus und Juno unversöhnlich gegenüber. Jupiter erkennt die Ansprüche der Göttinnen an; es ist zwar gegen seinen Wunsch, daß die Italer Krieg führen mit den Trojanern, aber er weiß, daß die fata ihren Weg finden werden. Heute sollen jedoch Rutuler und Troer sich selbst ihr Heil oder ihr Verderben bereiten, ohne göttliche Parteinahme. Die Götterhandlung ist bei Vergil wie bei Homer stets theologisch und dichterisch bestimmt. Neben dem Glauben des Dichters an göttliche Mächte, die das Leben beeinflussen, steht die epische Forderung, daß die Götter zwar Antriebe des Geschehens geben sollen, aber niemals so weit in die Handlung «hineinregieren», daß sie die Leistung des Helden schmälern. Turnus und Aeneas sollen ihr Heldentum entfalten und ihre Kräfte messen. Dabei geht Vergil sehr sorgfältig vor; er mißt dem einen wie dem anderen Sympathien zu, um keinen als blindwütigen Aggressor erscheinen zu lassen. Turnus hat ein angestammtes Recht auf die Vorherrschaft in seinem Land Italien. Aber er und die Seinen haben das Bündnis gebrochen. Aeneas wiederum kommt zwar auf göttliches Geheiß nach Latium, aber er soll nicht als Instrument des Götterwillens gegen Turnus kämpfen. So erhält er einen persönlichen Grund, indem er wie Achilleus über den Tod eines Freundes trauert und gegen dessen Mörder auszieht. Turnus hat den jungen Pallas im Kampf getötet und ihm mit dem Recht des Siegers seinen Schwertgurt genommen. Der Dichter reflektiert darüber:

Über diese Beute jubelt nun Turnus, und freudig nimmt er sie an sich. Nichts weiß der menschliche Geist über das Schicksal und künftiges Begegnis, unvermögend, Maß zu halten, wenn das Glück ihn emporträgt. Für Turnus wird kommen die Zeit, da er viel darum gäbe, er hätte unversehrt gelassen den Pallas, und da er diese Beute und diesen Tag hassen wird.
(Aen. X 500 ff. Übers. von Volker Ebersbach)

Gleichermaßen sagt der Dichter von Dido, die sich immer tiefer in ihren Liebeswahn verstrickt: *Ach, daß doch der Menschen Sinn die Sprüche der Seher nicht versteht!*[154] Es stimmt ihn traurig, zu sehen, wie sich der Mensch von seinen irrationalen Kräften fortreißen läßt, wie er durch übersteigerte Hoffnungen und Wünsche in tragische Verblendung gerät, für die er schließlich büßen muß. In der «Ilias» ist es der Göttervater selbst, der die Menschen wegen ihrer Kurzsichtigkeit und Verblendung bedauert. Er sagt über Hektor: «Armer, du legst die göttlichen Waffen des tapfersten Helden an, dem du den Freund erschlagen hast, und ahnst noch gar nichts von deinem Tod, der dir schon nahe ist!»[155] Mit dem Anlegen der fremden Waffen haben Hektor wie Turnus den Rächer auf ihre Spur gebracht. Durch ihren Sieg führen sie in tragischer Weise ihren eigenen Tod herbei. *Fata vocant – das Schicksal ruft ihn,* Turnus ist schon nahe ans Ziel seines Lebens gekommen, sagt Jupiter, der beim Tode des Pallas seines eigenen sterblichen Sohnes Sarpedon gedenkt, der vor Troja fiel.

Turnus (Andrea Giordana). Aus dem Fernsehfilm von Franco Rossi

Sie alle, Turnus, Pallas, Sarpedon und die Helden vor Troja stehen unter dem Gesetz menschlicher Sterblichkeit. Aber durch tapfere Taten können sie sich Ruhm erwerben und damit ihre Erinnerung unter den Menschen bewahren.[156]

Als Aeneas die Kunde von Pallas' Tod vernimmt, steht ihm sogleich der Tag vor Augen, da Euander ihm feierlich die Hand bot und ihn an seinen Tisch lud. Das von den Göttern geheiligte Gastrecht schafft Bande einer sittlich-religiösen Verpflichtung: pietas. Der Gastfreund hat Aeneas das Teuerste, was er besaß, als Pfand übergeben, und Aeneas wird es ihm nicht zurückerstatten können. *Haec mea magna fides – Das ist nun mein großartiges Treuversprechen*, sagt er erschüttert, als er an der Leiche des Pallas steht und an dessen Vater denkt.[157] Dieser läßt Aeneas melden: «Du schuldest mir und meinem Sohn den Turnus! Nur so lange will ich noch leben, daß ich die Kunde vom Tode des Turnus meinem Sohne in der Unterwelt verkünden kann.» Aeneas bleibt, gerade als der *pius Aeneas*, an seine *fides* gebunden; er wird Euander Genugtuung leisten müssen für den Tod des Sohnes, der als sein Gastfreund und Gefolgsmann fiel. Er hat den toten Pallas, bevor er ihn heimsandte, in ein kostbares Gewand gehüllt, das einst Dido für ihn gewoben hatte. Immer wieder mußte Aeneas das lassen, was er liebte. So sagt er zu seinem Sohn, als er in die Entscheidungsschlacht zieht, wie ein Vermächtnis die folgenden Worte:

Lerne von mir, mein Sohn, den Mut und echtes Beharren,
Aber von andern das Glück.

(Aen. XII 435 f)

Alles drängt nun auf die endgültige Begegnung der beiden Haupthelden hin, die aber vom Dichter durch ein kunstvolles Geflecht von Retardationen immer wieder hinausgeschoben wird. Nicht nur Turnus, auch die anderen Helden Latiums sollen Gelegenheit haben, ihre Tapferkeit unter Beweis zu stellen und ihrem Namen Erinnerung zu erwerben. Mit Orts- und Geschlechternamen, Kultbräuchen und Sagen entsteht ein lebendiges Bild des frühen Italien. In einer kurzen, aber einprägsamen Szene tritt auch Lavinia auf. Die latinische Erbtochter, um deren Hand der Krieg geführt wird, ist die wichtigste der Frauen um Aeneas, aber neben Creusa und Dido ist für sie kein Platz im Epos. Stumm vergießt sie Tränen, und die Röte steigt ihr in die Wangen, während ihre Mutter Turnus bewegen will, vom Kampfe abzustehen. Bleibt Lavinia wirklich stumm, oder spricht die Röte auf ihrem blassen Gesicht, die mit Purpur auf Elfenbein verglichen wird, statt ihrer? «Eher werde ich sterben, als daß ich Aeneas als Schwiegersohn begrüße», sagt Amata. Errötet Lavinia, weil sie die Abneigung ihrer Mutter gegenüber dem fremden Helden nicht zu teilen vermag? Dann gehört es zu Turnus' Verblendung, dieses Gefühlsanzeichen auf sich zu beziehen.[158]

Endlich stehen sich die beiden Helden allein gegenüber. In einem Zweikampf wollen sie um die Entscheidung kämpfen. Vergil vergleicht Aeneas und Turnus, die um Lavinia und das Reich kämpfen, mit zwei Stieren, die ihren Kampf um den Besitz der Herde austragen.[159] Beide, so meint der Dichter, vertreten in ihren Augen berechtigte Ansprüche. Turnus stellt sich zum Kampf und wie bei Hektor, so weicht auch bei ihm am Ende die Verblendung und Siegeszuversicht der klaren Erkenntnis, daß die Götter ihn zum Tode gerufen haben. Aber er will nicht länger ausweichen, sondern *sancta anima, mit reiner Seele* und seiner großen Ahnen würdig, zu den Unterirdischen hinabsteigen. Er erfüllt ja nun sein feierliches Gelöbnis, sein Leben für sein Volk einzusetzen.[160] Trotz aller Tapferkeit ist Turnus, der leidenschaftlich-hitzige junge Mann, der überlegenen Sicherheit des Trojakämpfers nicht gewachsen. Unsicherheit überkommt ihn, und Aeneas fügt ihm eine schwere Verwundung zu. Turnus streckt bittflehend die Hand aus:

Liber Duodecimus CCCXCI

Cogit Aeneç dauni cōncurrere proles,'
Palantea necem misero dant cingula turno.'|
Vel sic.
Mezenti interitus canis.:post funera Lausi,
Descriptio duodecimi libri.

Duodecimo turnus diuinis occidit armis,
Turnus iam fractis aduerso marte latinis
semet in arma parat:pacem cupiente latino,

Foedus heutitur:passurus & omnia victus,
Hocturni suturna soror cōfundit:& ambos
In pugnam populos agit emērita camertem,'
Aeneas volucri tardatur membra sagitta,
Anxia pro nato seruauit cura parentis,
Vrbi capitur.vitam laqueo sibi finit amata,'
Aeneas turnū campo congressus vtrincq
Circūfusa acie vita spoliauit;& armis,

*Amata, Turnus, König Latinus und Lavinia. Holzschnitt zu «Aeneis» XII
aus der Grüninger-Ausgabe*

Ich hab' es verdient und verzichte auf Gnade.
Nutze dein Glück. Doch wenn dich des mitleidwürdigen Vaters
Gram zu rühren vermag (es war ja dein Vater Anchises
Ebenso alt), so bitt' ich, erbarm' dich des Daunus, des Greises:
Gib mich, oder den Leib, willst du das Leben mir nehmen,
Meinem Volke zurück; es sah, wie ich, als Besiegter,
Streckte zum Sieger die Hand. Lavinia werde die Deine.
Geh nicht weiter im Haß!

(Aen. XII 931 ff)

Die Parallele zu Hektor in der «Ilias» und Turnus' eigene Worte zuvor lassen dessen Tod als würdiges Ende des Helden erscheinen. Irritierend erscheint nun diese Retardation: Turnus rechnet mit der Möglichkeit, daß Aeneas ihn am Leben läßt. Aeneas überlegt und zögert, bis sein Blick auf Pallas' Schwertgurt fällt, den Turnus trägt. Als ein *monumentum doloris, ein Mahnmal seines Schmerzes*, erscheint ihm das Waffenstück. *Du, mit der Beute der Meinen*, redet er nun Turnus an. *Pallas ist es, der dich opfert.* Nicht in blindem Kriegsfuror, auch nicht als kalter Vollstrecker göttlichen Willens, sondern seiner persönlichen unlösbaren Bindungen eingedenk, in schmerzlicher Aufwallung, vollzieht Aeneas nach dem Willen des Dichters die Tötung des Turnus. «Der Dichter möchte, daß Aeneas auf jeden Fall rühmlich dasteht: Denn er erscheint als pius, da er den Feind zu schonen gedenkt. Da er ihn tötet, handelt er aber auch aus pietas, denn mit Rücksicht auf Euander rächt er den Tod des Pallas.» So urteilt der Kommentator Servius.[161]

Der Tod als Abschluß des Epos: Tritt Vergil hier nicht in Gegensatz zur «Ilias», in der nach Hektors Tod noch die Lösung folgt, jene großartige Szene, in der Achilleus von seinem Zorn gegen den toten Hektor abläßt und dem Vater seines Feindes dessen Leiche ausliefert? Aber auch das letzte Buch der *Aeneis* enthält eine Szene der Versöhnung (an etwa gleicher Stelle wie Hektors Lösung im letzten «Ilias»-Buch). Sie spielt im Olymp und bietet einen Ausblick auf Hochzeit und Friedensbündnis, auf ein Ende der *labores* und eine glückliche Zukunft. Juno gibt ihren Groll auf. Jupiter gewährt ihren Wunsch, daß Latium erhalten bleibt und die Latiner keine Trojaner werden. Der Göttervater bekräftigt dies: Aus der Vereinigung der Trojaner und der italischen Stämme wird das Römervolk erwachsen, das sich durch *pietas*, durch fromme Verehrung der Götter, auszeichnen wird.[162] Juno aber wird die höchsten Ehren erhalten. Damit ist der Ausgleich erzielt, die verletzte Würde der Gottheit wiederhergestellt, die der Ursprung aller Leiden war.[163]

Beifall nickte Juno und änderte ihre Gesinnung
Hocherfreut.

(Aen. XII 841 f)

Können so die Himmlischen zürnen? hatte Vergil am Anfang seines Epos gefragt. Nun ist der Götterzorn gelöst, die ewigen Mächte sind mit der Welt und untereinander versöhnt. Auf die Frage nach dem göttlichen

113

Zorn und den menschlichen *labores* ergibt sich die Antwort, die Vergil schon am Anfang seines Epos vorwegnehmend formuliert hat:
So vieler Mühe bedurfte die Gründung des römischen Volkes.[164] Ist diese Antwort aber auch die des Vergil, die Sinngebung seines Werkes? Oder nennt er sie nur sub specie aeternitatis, als Ergebnis der Geschichte? Hören wir vielleicht zwei Stimmen im Epos? «The two voices of Virgil's Aeneid» (1963) von A. Parry gab einer Interpretationsrichtung aus dem angelsächsischen Sprachraum ihren Namen.[165] Sie geht besonders auf die letzten Bücher der *Aeneis* ein und konstatiert zwei Stimmen: die eine, gleichsam die offizielle (a public voice of triumph), die eine römisch-nationale *Aeneis* schildert, und dagegen die persönliche des Dichters (a private voice of regret), kein Gefühl des Triumphs, sondern des Verlustes (Parry). Vergils Stimme ist demnach eine Klage um die Opfer, die Roms Weltherrschaft gekostet hat. Das Thema des 12. Buches der *Aeneis* ist «Tragic Victory». Aeneas wird, als er Turnus wegen Pallas, also aus «privatem Zorn» tötet, selbst zur Verkörperung des *Furor impius*. Raserei, Rache und Tod sind die Wegemarken bei der Entstehung des Imperium Romanum. Am Schluß triumphiert Juno, das Prinzip des Hasses und der Zerstörung (Putnam). Ihr Einlenken ist Lüge, die von Jupiter sogar lächelnd akzeptiert wird. Die Höllenfurie, von Jupiter selbst entsandt, beraubt beide Kämpfer ihres Heldentums und breitet Dunkelheit über sie aus (Johnson). Vergil führt an seinem Helden vor, wie der Krieg in seiner Grausamkeit die Menschen, auch die moralisch Hochstehenden, korrumpiert, und wie am Ende niemand, auch nicht der Sieger in einer «gerechten Sache», mit reinen Händen dasteht. Vergil stellt damit implizit die Frage: Ist die reflexhaft anerzogene Kampfbereitschaft (the heroic impulse) noch eine akzeptable Handlungsweise für den Römer seiner Zeit? (Quinn).

Nachdem man in den Zeiten des Gottesgnadentums und des Führerprinzips die wenigen Verse Vergils über die römische Herrschaft aus dem Zusammenhang gerissen und über Gebühr betont hat – was heute noch in der «Imperialismuskritik» an Vergil nachwirkt –, ist das Aufkommen einer Gegenströmung nur folgerichtig. Gibt es bei Vergil aber eine Stimme imperialer Verherrlichung oder hat man diese nur zu Zeiten nationaler Übersteigerung aus ihm herausgehört? Ist nicht seine Rom- und Augustusthematik unlösbar mit jenem Appellcharakter, mit der Modell- und Korrektivfunktion verbunden, die wir in allen seinen Werken spüren? Und steigert sich seine Trauer und sein Weltleid bis zu einer Haltung des Pessimismus und der Resignation, die Roms Geschichte nur als eine «Dämonengeschichte»[166] sehen kann? «Für uns gibt es keine Götter; wenn die Welt sich von blindem Zufall treiben läßt, ist unsere Rede von Jupiters Regierung Lüge. Um Menschendinge kümmert sich kein Gott. – Fortuna schleppt dir, Roma – welch jammervolles Schauspiel – aus der ganzen Welt die Völker zu elender Schlachtung heran, damit du bei deinem Fall erkennen sollst, wie gewaltig du warst!»[167] Hier vernehmen wir die Stimme des Pessimismus und der Sinnlosigkeit. Sie gehört Lucan, der nicht umsonst der «Gegenvergil» genannt wird. Die Polarität von Trauer und Zuversicht aber, die man bei Vergil spürt, ist das für die frühaugusteischen Jahre typische, ambivalente Lebensgefühl. Die Stimmung der Zeit zwischen der Verzweiflung der Bürgerkriege und dem Frieden des Augustus spiegelt sich nicht nur in der *Aeneis*, sondern auch in der Dichtung des Horaz. Wie ein Festtag erscheint ihm zwar die neue Zeit, aber die bangen Sorgen der dunklen Tage zittern noch in ihm nach.[168]

Neben den leidvollen Reminiszenzen, denen wir als Ausdruck eines Bürgerkriegstraumas immer wieder begegneten, stehen Vergils Hoffnungsbilder. Es hieße, ihre suggestive, appellative Kraft zu leugnen, wenn wir annehmen wollten, Vergil habe seine Welt als fragwürdig empfunden. Und das zu einer Zeit, da der Friede gerade errungen war, an den er in den dunkelsten Jahren unbeirrt ar geglaubt hatte. Die *Aeneis* entstand im ersten Jahrzehnt nach Actium, als sich die neue Ordnung des Prinzipats erst herausbildete und noch keine Erstarrungsmomente zeigte. Es war die Zeit eines allgemeinen Aufschwungs für die Menschen im ganzen Reich, ungeheuer fruchtbare Jahre nicht zuletzt für die Dichter und Schriftsteller. Vergil, Horaz, Livius, sie alle hatten tief unter den Bürgerkriegen gelitten, waren nun aber überzeugt, in einer neuen, besseren Epoche zu leben, und fühlten sich berufen, an ihrer Gestaltung mitzuarbeiten. Vergil hatte als Thema seines Epos den Weg und nicht das Ziel gewählt. *Tantae molis erat* – So vieler Mühe bedurfte und bedarf es immer wieder, menschliches Zusammenleben zu gewährleisten: eine Mahnung und ein Vermächtnis der Poesie an die Geschichte.

Tod in Brundisium

Seit dem Jahr 29 schrieb Vergil an der *Aeneis*; im Jahre 19 brachte er sie zu einem vorläufigen Abschluß. Er arbeitete langsam und bedächtig, wie wir es von den *Georgica* kennen. Den Inhalt konzipierte er zunächst in Prosa und goß ihn dann in Verse um. Die Dichtung entstand nicht der Buchfolge entsprechend; so ist zum Beispiel das 6. Buch vor dem 5. entstanden. Vergil las einzelne Bücher einem Publikum vor, hauptsächlich Passagen, über die er sich noch nicht endgültig im klaren war. Durch das Vorlesen wollte er sein eigenes Urteil schärfen und die Wirkung auf die künftigen Leser erproben. Um den poetischen Fluß nicht zu hemmen, setzte er bei der Arbeit an strittigen Stellen Stützverse (tibicines) ein, oft Halbverse, die er mitunter während des Vortrags ergänzte. Sein Bibliothekar schrieb sie mit und übertrug sie dann sogleich in die Buchrolle. Dem römischen Literaturbetrieb entsprechend wird die *Aeneis* in Teilen schon bald bekannt gewesen sein.

Vergil lebte in einer gesicherten Existenz. Augustus hatte ihm und seinem Freund Varius den Status eines Römischen Ritters verschafft. «Nicht unwert deiner Wahl sind deine Dichter Vergil und Varius, nicht unwert der Gaben, die sie empfingen zum hohen Ruhm des Spenders; und sicherlich prägt kein Erzbild die Züge des Gesichts so deutlich aus wie Sängers Werk den Sinn und Geist der Helden.» So lobt Horaz in seiner Epistel an Augustus diesen als Förderer der Dichtkunst.[169] Vergil lebte weiterhin bei Neapel; er war unverheiratet, sicher nicht aus Abneigung gegen das weibliche Geschlecht, sondern gegen die gesellschaftlichen Pflichten, die ein Hausstand mit sich brachte. Er hätte, schon um der Zukunft seiner Kinder willen, nach Rom übersiedeln und dort ein großes Haus führen müssen, wie es einem Römischen Ritter entsprach. Dabei war Vergil so schüchtern, daß er sich in den nächsten Hauseingang flüchtete, wenn ihn die Leute auf der Straße erkannten und begrüßen wollten. Parthenias, das schüchterne Jüngferlein, nannte man ihn in Neapel[170], wie man den englischen Dichter Milton wegen seines zarten, zurückhaltenden Wesens die Lady nannte. Auch die Rücksicht auf seine schwache Gesundheit mag Einfluß darauf gehabt haben, daß Vergil bei seiner stillen Dichterexistenz blieb. Im Jahre 19 brach er zu einer langen Reise auf, die ihn ins östliche Mittelmeer an die Stätten seines Epos führen sollte. Drei Jahre wollte er dort verbringen, um die letzte Hand an sein Werk anzulegen. Dann gedachte er sich nur noch der Philosophie zu widmen. So berichtet die Vita,

*Vergil. Fenster der Chorhalle in Aachen. Entwurf
Walther Benner 1949–51, Ausführung H. Oidtmann*

die folgende erstaunliche Begründung anführt: Vergil habe die Reise an-
getreten, um alles zur Befriedigung seiner böswilligen Kritiker zum Abschluß zu bringen.[171] Es habe Vergil ja nie an obtrectatores gefehlt, an
neidischen und böswilligen Kritikern. Neben einigen nachvergilischen
Autoren, die sich als Fehlergucker und -sammler betätigten, wird als
Zeitgenosse Agrippa genannt, der Freund und Feldherr des Augustus. Er
soll erklärt haben, Vergil gefalle sich in einer neuen stilistischen Unma-
nier. Er reihe einfach lauter Alltagsworte aneinander. Mit dieser Feststel-
lung hat Agrippa gar nicht so unrecht; man denke nur an eine Zeile wie:

Vergil-Denkmal in Brindisi

Wer vermag die Liebe zu täuschen? [172] Wie aber diese ganz einfachen, un-
gekünstelten Worte zu einer einzigartigen Sprachmelodie verbunden
sind, wie sie eine Seelenstimmung des Mitlebens und Mitleidens hervorrufen, dafür scheinen nicht alle Vergil-Leser ein Ohr gehabt zu haben. Sie
waren wohl noch nicht an solche Feinheiten der eigenen Sprache gewöhnt. Dann gab es auch Neider (gegen die sich ein heftiger Ausbruch
des sonst so sanften Vergil richtet [173]). Schwer lastete auf ihm die stete
Konfrontation mit Homer. Wir hörten schon, daß man ein Werk, größer
als die «Ilias», erwartete, und daß man vielfach der Meinung war, Vergil
brauche dabei nichts weiter zu tun, als Homer zu folgen. Zu Homer gehörte aber nicht nur der erhabene Schwung der Gedanken, der meister-
hafte Aufbau der Handlung, sondern auch die Genauigkeit in der Beschreibung des einzelnen (die durch archäologische Funde immer wieder
bestätigt wird). Bei Macrobius, bei Gellius und dem Kommentator Servius wird nachgewiesen, mit welcher Sorgfalt und Genauigkeit Vergil
auch das kleinste Detail recherchiert hat, ob es sich nun um altertümliche
Opferriten, topographische Besonderheiten oder seltene Fachausdrücke
aus allen möglichen Bereichen handelt. So gibt es auf Delos einen Altar,

an dem Apollo ohne Schlachtopfer verehrt und Vater genannt wird. Vergil hat dies gewußt. Die Salierpriester tragen beim Opfer an der Ara Maxima Lorbeerkränze. Lorbeer gab es aber erst lange nach Roms Gründung. Vergil hat es bedacht: In Euanders Urrom schmückt man sich bei der Feier mit Pappellaub.[174] Die genannten Autoren loben Vergil für seine Genauigkeit, sie tadeln ihn aber auch wegen metrischer Anstöße, unpassender Übernahmen aus Homer und einer höchst wunderlichen Beschreibung des feuerspeienden Ätna und dergleichen mehr.[175] In dieser uns kleinlich erscheinenden Art werden wir uns auch die zeitgenössische Vergil-Kritik zu denken haben. Vergil wollte nun, vom genius loci inspiriert, die letzten Unebenheiten seines Epos glätten. Der Wunsch, sich dann in den stillen Hafen der Philosophie zurückzuziehen, zeigt uns, wie sehr den stets kränklichen, nun einundfünfzigjährigen Dichter sein großes Werk angestrengt und erschöpft hatte.

In Athen angekommen, traf er Augustus, der aus dem Osten zurückkehrte, wo er einen Verständigungsfrieden mit den Parthern geschlossen und auf diplomatischem Weg die einst verlorenen römischen Feldzeichen zurückgewonnen hatte. Bei einem Ausflug nach Megara erlitt Vergil bei glühender Hitze einen Fieberanfall. Schwerkrank begab er sich mit Augustus auf die Heimreise. In Brundisium konnte er nicht weiterreisen, da sich sein Fieber verschlimmert hatte. Als Vergil seinen Tod nahen fühlte – es war der 21. September 19 v. Chr. – verlangte er die Buchrollen der *Aeneis*, um sie zu verbrennen. Ein Fieberwahn? Doch Vergil hatte schon vor

Statt der verschollenen Gebeine Vergils wird im Grabmal eine Urne mit Heimaterde aus Pietole bei Mantua aufbewahrt

Grabmal Vergils bei Neapel

Antritt seiner Reise testamentarisch verfügt, seine Freunde Varius und Tucca dürften von seinen Werken nur das veröffentlichen, was er selbst schon zur Publikation freigegeben habe. Die Freunde und Augustus verweigerten dem sterbenden Dichter seinen Wunsch.

Warum wollte Vergil die *Aeneis* verbrennen? Litt er so sehr unter den Spuren der Unfertigkeit, den wenigen stehengebliebenen Halbversen, einigen unausgeglichenen, aber doch nebensächlichen Partien, zum Beispiel daß der Steuermann Palinurus im Südwind treibt, während doch von Sizilien nach Cumae Nordwind wehte?[176] Das erscheint uns als gar zu geringfügiger Anlaß, um ein Lebenswerk zu verbrennen. Hermann Broch hat diese Frage zum Ausgangspunkt seines Romans «Der Tod des Vergil» gemacht. Sein Vergil will die *Aeneis* vernichten, da das Werk, statt der Erkenntnis zu dienen, nur schönen Schein enthalte. Sollten für Vergil etwa auch weltanschauliche oder politische Gründe ausschlaggebend gewesen sein, sein Werk gleichsam zurückzunehmen und mißbräuchlichen Deutungen zu entziehen? Die für eine grundsätzlich andere und neue Sicht der Dinge nötigen kompositorischen Umformungen[177] hätte er aber wohl schon in seiner Prosafassung vorgenommen. An politische Unzu-

Vergil-Denkmal im Park bei seinem Grabmal

friedenheit mag man gerade im Jahre 19 nicht glauben. Augustus gedachte, die wiedergewonnenen Feldzeichen im Tempel des Mars aufzustellen. Die Römer sollten sehen, daß ein diplomatischer Erfolg einem militärischen Sieg an Gewicht gleichzusetzen war; ein Gedanke, der Vergils Billigung finden mußte. Waren also doch künstlerische Gründe, das Gefühl der Unfertigkeit, ausschlaggebend? Hermann Broch gibt ungewollt eine bezeichnende Antwort. Trotz seiner Abwertung des Ästhetischen erklärte er, als sein Roman nach zehnjähriger Arbeit erschienen war, das Werk sei in seinen Augen noch unfertig; es hätte noch drei Jahre Arbeit gebraucht und vielleicht gar nicht veröffentlicht werden dürfen.[178] Wir müssen also doch, wenn uns auch heute andere, «handfestere» Gründe einleuchtender erscheinen würden, das künstlerische Gewissen des Dichters Vergil ernst nehmen. Ihn störten die Halbverse, die unausgeglichenen Partien, über die wir großzügig hinweglesen. Und wir müssen uns bewußt sein, daß die antiken Leser in dieser Hinsicht weniger großzügig waren. Für Gellius gilt es als sicher, daß Vergil jene Beschreibung des Ätna noch geändert haben würde und daß er sich noch manches für eine kritische Durchmusterung auf seiner Reise aufgehoben hatte.

Brundisium in Kalabrien hatte ihn dahingerafft; seinem Wunsche entsprechend wurde er im heimischen Neapel beigesetzt.[179] Seine Freunde Varius und Tucca gaben alsbald nach seinem Tod die *Aeneis* heraus.

Vergils Nachleben

Die *Aeneis* war sogleich ein großer Erfolg. Horaz' «carmen saeculare», das Lied zur Jahrhundertfeier im Jahre 17 v. Chr., enthält die erste Huldigung an Vergil, Ovids Vers vom waffenfrohen Helden, der den Weg ins tyrische Bett findet (vgl. S. 89), ist die erste Parodie, und das erste Zitat finden wir bei Augustus, der angesichts der Römer in bequemen gallischen Kapuzenmänteln ausrief: Sieh da, die Römer: ... *die Herren der Welt und das Volk in der Toga!*[180] Der Lehrer Q. Caecilius Epirota führte sogleich die *Aeneis* als Schullektüre ein und damit den Grundsatz, zeitgenössische Autoren auf der Schule zu lesen. Man hatte an Vergils Werk nun eine Enzyklopädie des Wissens, wie sie vorher nur Homer bot. Die *Aeneis* wurde zur Fibel, zum Grundbuch allen Wissens, und sie sollte es über anderthalb Jahrtausende bleiben.

Unter Kaiser Claudius übersetzte ein griechischer Gelehrter die *Aeneis* in seine Muttersprache und bestätigte so Vergils Anspruch, die Musen von Griechenland nach Italien geholt zu haben. In der nächsten Generation lebte Vergils Heilserwartung der *Eklogen* wieder auf. Der junge Kaiser Nero wird in den Hirtengedichten des Calpurnius Siculus (um 54–57) als der Apollo der *4. Ekloge* Vergils gepriesen.[181] Nachdem die Hoffnungen enttäuscht worden waren, schrieb Lucan seine «Pharsalia», das Epos über den Bürgerkrieg zwischen Caesar und Pompeius. Konträr zur *Aeneis* gibt es weder Mythos noch Götterhandlung. In einer düsteren, sinnlos erscheinenden Welt regiert Fortuna als blinde Macht. Aber ungebrochen bleibt, trotz Gewalt und Terror, die Heldenhaftigkeit des einzelnen, wie sie der Stoiker und «letzte Republikaner» Cato der Jüngere als der Held des Epos beweist. In dieser Zeit beginnt man Vergils Werk als Lebenshilfe zu lesen. Der Philosoph Diodor stirbt mit Didos letzten Worten auf den Lippen: *Ja, ich habe gelebt und die Bahn des Schicksals vollendet!*[182]

In klassizistischer Manier schließen sich um die Wende zum 2. Jahrhundert die Ependichter Valerius Flaccus, Silius Italicus und Papinius Statius an Vergil an. Ihre Epen handeln vom Argonautenzug («Argonautica»), vom Zweiten Punischen Krieg («Punica») und vom Zug der Sieben gegen Theben («Thebais»). Silius Italicus hatte Vergils Grabstätte erworben und feierte dort wie in einem Heiligtum den Geburtstag seines großen Vorbildes.[183] Als Sprach- und Stilmuster, als Quelle der Gelehrsamkeit und als Schatz der Lebensweisheiten wird Vergil zum Klassiker der Kaiserzeit. Seine Büste ziert die Schulstuben, seine Verse als graffiti die

Vergil und Cicero als «Beförderer» der Humanitas. Holzschnitt «Der Triumph der Humanitas» von Urs Graf, Buchtitel zu U. Zasius, Lucubrationes aliquot. Basel 1518

Wände, und Kaiser Severus Alexander (222–235) stellte das Bild Vergils sogar in seiner Hauskapelle auf. Er nannte ihn «den Platon unter den Dichtern» und verehrte ihn neben anderen großen Männern, die er als Wohltäter der Menschheit ansah, darunter Cicero, Alexander, Orpheus und Jesus Christus.[184]

Im bereits erwähnten Dialogwerk «Saturnalien» des Macrobius (um 400) wird Vergil nicht nur als Meister des Stils und aller Gelehrsamkeit gepriesen. Das Werk erhält sakralen Charakter. In der Zeit des ausgehenden Heidentums gilt es als «heilige Schrift und Offenbarungsquelle»[185], als letzte geistige Bastion gegen das Christentum. Das Heidentum ging unter, aber Vergil behauptete seine Stellung. Mit der antiken Schul- und Geistestradition übernahm das Christentum auch den römischen Klassiker. Als Dichter der *4. Ekloge* wurde er unter Kaiser Konstantin christlich umgedeutet. Augustinus führte die Vergil-Lektüre in die Klosterschulen ein. Er war ein eifriger Vergil-Leser und erzählt, daß ihn das 4. Buch der *Aeneis* zu Tränen gerührt habe.[186] Als er Karthago gegen den Willen seiner untröstlichen Mutter verließ, um nach Rom zu gehen, sah er sich voller Schuldgefühle in der Rolle des Aeneas, der Dido im Stich ließ. Man las Vergils Werk in der seit der Spätantike üblichen allegorischen Auslegung. Seine Hirtenidyllen entsprachen dem Wunschbild eines glücklich-friedvollen Lebens im Jenseits. Vergilische Darstellungen finden sich sowohl auf heidnischen wie auf christlichen Sarkophagen.[187] Die *Georgica* schienen mit ihrem Arbeitsethos auf die Bibel hinzudeuten; sie entsprachen dem «Ora et labora» («Bete und arbeite») der Benediktiner.[188] Und war die *Aeneis* nicht geradezu ein Gleichnis für das christliche Leben? Wie Aeneas trotz aller Schicksalsschläge und Verlockungen seinem Kurs treu bleibt, so muß auch der Christ auf seiner irdischen Pilgerschaft dem Weg des Heiles folgen. Man benutzte die *Aeneis* auch als Losbuch (sortes Vergilianae). Dabei stach man mit dem Finger in das Buch, schlug es auf und legte sich die betreffende Stelle als höhere Weisung aus. Erst seit der Reformation wurde dieses Orakelspiel mit der Bibel vorgenommen («Bibelstechen»).

In dieser allegorischen Auslegung beherrschte Vergil das Geistesleben des Mittelalters, einer aetas Vergiliana. Seine drei Werke wurden auch mit den Stufen der Menschheitsentwicklung gleichgesetzt. Die *Eklogen* verkörpern das Hirtendasein, die *Georgica* den Ackerbau und die *Aeneis* das Leben der Ritter und Krieger.

Jede Klosterbibliothek besaß ihr Vergil-Exemplar, dem man für Schulzwecke eine Lebensbeschreibung sowie Erläuterungen beifügte. Diese Scholien oder Glossen waren zunächst kurze Namens- oder Sacherläuterungen, die man an den Rand oder zwischen die Zeilen schrieb. Später wurden längere Abhandlungen daraus, die sich, von Vergil ausgehend, mit allgemeinen Fragen befaßten, etwa über Medizin, Geographie oder Astronomie. Auf diese Weise entstand überhaupt erst ein weltliches, wissenschaftliches Schrifttum. Die Erläuterungen wurden nicht nur in Latein, sondern später auch in den Landessprachen abgefaßt; es folgten dann Übersetzungen der Werke. Eine erste bedeutende Sprachleistung im deutschen Raum war die Übertragung von Vergils Hirtengedichten ins Deutsche, die der Sankt Gallener Mönch Notker Labeo um 1000 verfaßte. Vergil hatte seine Arbeitsweise mit der Tätigkeit der Bärenmutter verglichen, die ihre noch formlosen Jungen leckt und dadurch «in Fasson bringt». Diese Rolle übernahm er als meistgelesener Autor im frühen Mittelalter für die neu entstehenden europäischen Nationalliteraturen. In der Nachfolge der *Aeneis* entstand das mittelalterliche Heldenepos. Um 930 verfaßte Ekkehard I., ein Mönch aus Sankt Gallen, das mittellateinische Waltharilied (vgl. Viktor von Scheffels «Ekkehard»). Heinrich von Veldeke schrieb um 1190 die «Eneide», einen mittelhochdeutschen Versroman, der die Entwicklung des höfischen Epos entscheidend beeinflußte.

Das großartigste Denkmal der Vergil-Nähe und -Nachfolge bildete das Werk, das gleichsam die poetische Summa des Mittelalters darstellt: Dantes «Göttliche Komödie» (vgl. S. 95). Als Führer des verirrten Dichters sendet ihm der Himmel keinen Heiligen, sondern den heidnischen Poeten Vergil. Er ist für Dante der «altissimo poeta», der Weise, Prophet und Gelehrter der irdischen wie der himmlischen Sphären. Darüber hinaus hat Dante Vergil aus dem Erlebnis einer persönlichen Nähe und Verbundenheit (aber im Einklang mit den Zügen in den Viten und bei Horaz) als eine «anima cortese e gentil» charakterisiert[189], als eine edle, zarte Seele, die aufmunternd und tröstend, aber auch belehrend und zurechtweisend ihren Schützling geleitet. Dante läßt den antiken Dichter Statius auftre-

Raffael, Stanzen (1508–20): Der Parnaß. Ausschnitt: Homer mit den Dichtern (links Ennius, Dante, rechts Vergil, Statius). Rom, Vatikan

ten. Dieser bekennt, er sei durch die *4. Ekloge* Christ geworden, und faßt Vergils Vorläuferrolle in ein Bild:

Du schrittest wie der Wandrer durch die Nacht
mit einem Licht am Rücken, das nicht ihm,
doch hinter ihm den Menschen Klarheit spendet.[190]

Die Begegnung Dantes mit Vergil ist «ein Flammenbogen, der von einer großen Seele zur andern überspringt, die Besiegelung des Bundes, den das lateinische Mittelalter zwischen Antike und moderner Welt gestiftet hat»[191].

Dante wies auch der Poetik der Renaissance und des Humanismus den Weg, indem er Vergils kunstmäßige, verstandesklare Gestaltung lobend von der Methode anderer abhebt, die «unberührt von Kunst und Wissen, bloß auf ihren Geist vertrauend, auf die höchsten Gegenstände einfach losstürzen». Damit war Vergil in die seit der Antike bestehende Antinomie ars – ingenium (Kunst – Genie) eingeordnet, die Gegenüberstellung und wechselnde Bevorzugung des gelehrten und des «genialischen» Dichters. Die Renaissancepoetik (Vida und Scaliger) übernahm Dantes Votum für Vergil und fügte noch den Vergleich mit Homer hinzu. Dieser besitze zwar ingenium, er dichte aber eher kunstlos, ohne die erhabene Größe und die strenge Komposition Vergils. Die *Aeneis* wird zum Maßstab der Dichtung, so wie Cicero als Vorbild der Prosa gilt.

Man schätzte Vergil aber auch als Person, denn die Verehrung der großen Männer Roms gehörte zur Renaissance in Italien. Man wollte ja neben dem antiken Geistesleben auch die ruhmreiche römische Vergangenheit wiedererwecken. Der Humanist Enea Silvio (Aeneas Sylvius) Piccolomini erkor sich bei seiner Wahl zum Papst den zu seinen Vornamen passenden Namen Pius. In unbefangener Liebe zu seinem großen Vorbild dichtete Mapheus Vegius 1428 ein 13. Buch zur *Aeneis* hinzu, das von der Hochzeit des Aeneas und seiner Entrückung in den Himmel erzählte. 1341 wallfahrtete Petrarca zu Vergils Grab und pflanzte dort einen Lorbeerbaum. In der Nachfolge der *Aeneis* schrieb er das Epos «Africa». In seinem Hymnus «Italien, mein Vaterland»[192] läßt er den Preis Italiens aus Vergils *Georgica* anklingen: «Du bist der Helden, du der Weisen Reich und freust dich doch an zarter Musen Tänzen.»

Der Kult berühmter Männer war nicht nur Sache der Gelehrten. In Neapel hatte sich die Legende vom Wundertäter und Zauberer Vergil gebildet. Sein Grab zog immer wieder Besucher an, und man erzählte, sogar der Apostel Paulus sei einst hier gewesen. Unter Tränen der Rührung habe er ausgerufen: «Hätte ich dich nur lebend angetroffen, ich hätte dich bekehrt, du größter aller Poeten!»[193] Dieser Vergil war ein weiser und berühmter Mann gewesen, der die Geburt des Erlösers prophezeit hatte. Also mußte er über ein geheimes Wissen und besondere Kräfte verfügen. Und er hatte Neapel so sehr geliebt, daß er hier begraben werden wollte. So konnte sich die Vorstellung bilden, Vergil sei, wie so mancher Stadttheilige, ein großer Wundertäter gewesen. Man erzählte, Vergil habe ein weiträumiges Badehaus für die verschiedenen Heilquellen Neapels erbaut. Er leitete jede Quelle in eine eigene Badekammer und brachte jeweils Inschriften an der Tür an, damit jeder wüßte, für welche Krankheit er hier – ohne kostspieligen ärztlichen Rat – Hilfe finden konnte. Freilich hätten die Ärzte diese Einrichtung wieder zerstört; dafür seien sie zur Strafe bei einem Seesturm umgekommen, den Vergil mit seinen Zauberkräften erregt habe. Auch eine goldene Fliege habe er hergestellt, die alle Fliegen von der Stadt fernhielt, und er habe bewirkt, daß das Fleisch in einem Metzgerladen immer frisch blieb.[194] Man zeigt heute noch den sogenannten Garten Vergils, wo dieser angeblich Heilkräuter aller Art angepflanzt hatte, deren Gebrauch er in einem Buch beschrieb. Noch viele andere Wundertaten soll er zum Wohle seiner geliebten Stadt Neapel vollbracht haben. Natürlich erhob auch Rom Anspruch auf den großen Wundertäter. Es hieß, Vergil habe dort einen prächtigen Palast gebaut (wie das Pantheon oder das Kolosseum). Dieser war mit Statuen geschmückt, welche die römischen Provinzen darstellten. Die Figuren trugen eine Glocke in der Hand, mit der sie läuteten, wenn sich in der betreffenden Provinz ein Aufruhr regte. Wie solche Erzählungen dann in die Literatur eingingen, zeigt das Beispiel Konrads von Querfurt, der als Kanzler Kaiser Heinrichs IV. 1194 in Neapel war und begeisterungsfähig und gutgläubig alles niederschrieb, was man ihm über Vergil erzählt hatte. In mittelalterlichen Viten und Handbüchern wurden dann solche Anekdoten vom weisen Dichter Vergil, der mit Zauberkräften begabt war, gesammelt und durch neue vermehrt. Sie fanden auch Eingang in die Dichtung, zum Beispiel in Wolfram von Eschenbachs «Parzival», wo Vergil als Ahnherr des Zauberers Klingsor erwähnt wird.

Vergil wirkte in den folgenden Jahrhunderten weiterhin als literarischer Anreger, so auf das Epos «Die Lusiaden» des portugiesischen Nationaldichters Luís de Camões (1572), auf Ariosts «Rasenden Roland» (1516) und Torquato Tassos «Befreites Jerusalem» (1575), das beginnt: «Fromme Waffen besinge ich und den Feldherrn, der das Grab Christi befreite.» John Milton führte das christliche Epos fort mit seinem Werk: «Das verlorene Paradies» (1665). Tasso und Milton griffen auch Vergils Arkadiensehnsucht wieder auf. Mit ihren Schäferspielen «Aminta» und «Arcades» huldigten sie einer literarischen Mode, die an den 1504 erschienen Hirtenroman des Neapolitaners Jacopo Sannazaro anschloß. Er begründete im Rückgriff auf Vergils *Eklogen* die Schäferdichtung, Idyllen mit Hirten und Schäferinnen, die in seliger Abgeschiedenheit von der Welt Liebe und Poesie genießen. Mag diese Dichtung auch oft ins Tändelnde und Sentimentale abgleiten, so drückt sie sich doch als Gattung die Sehnsüchte einer an Normen und Konventionen gebundenen Gesellschaft aus, die nach freier menschlicher Entfaltung strebte. Arkadien wurde zum Symbol eines geistigen und sozialen Freiraums. So läßt Goethe seinen Faust zu Helena sagen:

Du flüchtetest ins heiterste Geschick!
Zu Lauben wandeln sich die Thronen,
Arkadisch frei sei unser Glück![195]

Auch die Musik wurde durch Vergil inspiriert. Die Pastorale, ein Stück mit ländlichem Charakter, geht auf die bukolische Welt Vergils zurück, das Thema der «Vier Jahreszeiten» auf die *Georgica*. Szenen aus der *Aeneis*, vor allem mit Dido, wurden vielfach in Musik gesetzt (z. B. Henry Purcells Oper «Dido und Aeneas», 1689). In Luthers Tischreden wird berichtet, daß Luther mit seinen Tischgenossen eine Vertonung von Didos letzten Worten *Dulces exuviae* gesungen und nachher gesagt habe: «Ach Gott, arme und elende Leut' sind die blinden Heiden mitsamt ihren Gelehrten; wie jämmerlich sterben die Leut' dahin, ohne Christi Wort und Trost, wie der große Poet Virgilius sein Buch auch selbst beschließt, da er des Fürsten Turnus' Tod malt: ‹Ich sterb' mit Grimm und fahr mit Ungeduld dahin!› So härmt sich mancher selbst sein Herz ab, wie die elendig arme Dido!»[196] Luther nannte seine Bibelübersetzung die «göttliche Aeneis» – ein Beweis dafür, wie tief verwurzelt Vergil im allgemeinen Bewußtsein war, so daß man ihn unwillkürlich zur Folie eigenen Denkens und Schaffens machte. Auch Travestien und Parodien wie die von Paul Scarron (1648) und später von Aloys Blumauer (1784–88) bekräftigen dies nur.

Nach so langer Zeit unangefochtener Wertschätzung und Verehrung setzte in Deutschland um die Mitte des 18. Jahrhunderts ein Umschwung ein. Unter dem Einfluß Winckelmanns, der die «edle Einfalt und stille Größe» des Griechentums als höchstes Ideal darstellte, wurde das Römische abgewertet. Der Sturm und Drang griff die Griechenbegeisterung auf. Nicht mehr die ars, sondern das ingenium wurde hervorgehoben. Der Dichter sollte kein poeta doctus mehr sein, sondern ein «Originalgenie», durch keine Regeln eingeengt, sondern frei seiner schöpferischen Einbildungskraft hingegeben. Nur die unbewußt und elementar waltende Naturkraft schuf die echte Poesie. Homer, glaubte man, hatte so gedichtet – er wurde zum Vorbild. Vergil war dagegen gekünstelt, ein Nachahmer, der Dichtung aus zweiter Hand schuf. Die Klassik übernahm die Vorliebe für die Griechen als die natürlichen, ursprünglichen Menschen und Künstler. Goethe und Schiller gingen jedoch nicht so weit, das Römische so stark abzuwerten, wie Herder dies tat.[197] Schiller blieb zeitlebens ein Freund Vergils, er las ihn viel und übersetzte unter anderem das 4. Buch der *Aeneis*. Er empfand die übertriebene Begeisterung für das Naturgenie als eine Flucht aus der Zeit. Die geschichtliche Aufgabe des Menschen betont er, indem er Aeneas zu Dido sagen läßt: *Nicht freie Wahl entfernt mich, sondern Pflicht!*[198]

Auch die Romantik, die dem grenzenlosen Gefühl huldigte, stellte Homer über Vergil, das ingenium über die ars. Der Historismus des 19. Jahrhunderts suchte allenthalben nach Quellen und Vorlagen der antiken Dichter. Je mehr man bei Vergil fand, desto mehr wertete man ihn ab. Der Historiker Niebuhr urteilte über den *Aeneis*-Dichter, er gehöre zu den merkwürdigen Beispielen, wie man seinen Beruf verfehlen könne. Seine Stärke sei die Lyrik gewesen.[199]

In unserem Jahrhundert ist man wieder zu einer gerechteren Einschätzung Vergils gekommen. Man weiß inzwischen, daß Homer kein frei schweifendes Originalgenie war, sondern nach strengen Regeln arbeitete. Sein komplizierter Aufbau der «Ilias» mit ihren gegenläufigen Bewegungen ist weitaus artifizieller als das Handlungsschema der *Aeneis*. Vergils Homer-Nachfolge aber war keine imitatio, keine bloße Nachahmung, sondern aemulatio, schöpferische Aneignung, mit der Vergil Mythos und Historie auf seine persönliche Weise verband.

Wegbereitend für ein vertieftes Verständnis Vergils in Deutschland wurde Richard Heinzes Buch «Virgils epische Technik» (1902). Der 2000. Geburtstag des Dichters gab 1930 der Beschäftigung mit Vergil über die Fachwelt hinaus neue Impulse, unter anderem durch die Übersetzungen Rudolf Alexander Schröders und Thassilo von Scheffers sowie Theodor Haeckers Buch «Vergil, Vater des Abendlandes» (1930). 1948 wurde T. S. Eliots Essay «Was ist ein Klassiker?» auf deutsch veröffentlicht. Eliot stellt Vergil wegen seiner Reife und seines Geschichtsbewußtseins als den Klassiker Europas heraus. «Die Einheit des Virgilischen Lebens-

Das göttliche Kind, nach der 4. Ekloge des Vergil.
Collage von Helga Ruppert-Tribian, 1985

werkes» heißt ein programmatischer Aufsatz Friedrich Klingners (1930), der mit seiner einfühlsamen Interpretation zur «Wiedererweckung eines Dichters» (1942) entscheidend beigetragen hat. Nachdem man Vergil eine Zeitlang als nationalen Lobredner ansah und danach als affirmativen poetischen Wortführer imperialistischer Politik kritisierte, stehen nun, nach seinem 2000. Todestag, die Töne der Klage und des Leidens an der Geschichte im Mittelpunkt der Vergil-Betrachtung.

Wenn wir heute bei Vergil nicht nach einer «Bedeutung-an-sich», sondern nach einer «Bedeutung-für-mich» fragen (W. Suerbaum), und auch wenn wir Vergil als «klassisches Vermächtnis und aktuelle Herausforderung» sehen (R. Rieks), so können seine Hoffnungsbilder mit ihrer stillen, aber beharrlichen Kraft und Zuversicht einen Weg weisen. Inmitten einer gefahrvollen und gefährdeten Welt vermögen sie weiterzuwirken, wie die Vision der *4. Ekloge*[200]:

Und in der Mitte des Weltenschildes ward es erblickbar in unendlichster Tiefe, dort ward es erblickbar inmitten unendlich menschlichen Seins und Hausens, erblickbar zum letzten und doch auch zum ersten Male: der kampflose Friede, das menschliche Antlitz in kampflosem Frieden, erblickbar als das Bild des Knaben im Arme der Mutter, vereint mit ihr zu trauernd lächelnder Liebe.

Anmerkungen

1 *Mantua me genuit. Calabri me rapuere, tenet nunc / Parthenope. Cecini pascua, rura, duces.*

2 Sämtliche Viten sind in Text und Übersetzung in der Tusculum-Ausgabe: Vergil. Landleben. Vergil-Viten, von J. u. M. Götte u. K. Bayer, München ⁴1981, enthalten. Dort wird auch der Quellen- und Informationswert der einzelnen Viten behandelt. Die Viten werden nach den dort verwendeten Namen zitiert (z. B. SDV = Sueton-Donatvita). – Vgl. auch K. Büchner: P. Vergilius Maro. Der Dichter der Römer. Sonderdruck der RE (Realencyclopädie der classischen Altertumswissenschaft). Stuttgart ²1961, Sp. 1–17 (= RE)

3 H. Naumann: Was wissen wir von Vergils Leben? In: Der altsprachliche Unterricht (= AU) XXIV 5, 1981, S. 5–16

4 Georg(ica) III 14f. (*Georgica, Eklogen* und *Catalepton* werden nach der Tusculum-Ausgabe zitiert) – Mantua und Manto: Aen(eis) X 201; 199

5 Catal(epton) 8, vgl. S. 34

6 Hor(az) Sat(iren) I 6, 45–88

7 Hor. Ep(isteln-Briefe) II 1, 156 f

8 Zitiert von Cicero: De rep(ublica – Vom Staat), Vorrede zum 5. Buch (= Ann. 500 in der Fragmentsammlung von J. Vahlen: Ennianae poesis reliquiae. Leipzig ²1903). – Vgl. auch H. Oppermann: Q. Ennius und die Entwicklung des römischen Epos. In: Gymn(asium) 61, 1954, S. 531–542

9 Georg. III 9. – Der Grabspruch des Ennius zitiert bei Cic. Tusc(ulanische Gespräche) I 34 und 117

10 Zu den Unstimmigkeiten zwischen Lebens- und Kalenderdaten vgl. G. Radke: Die Lebensdaten des Vergil und des Horaz. Gymn. 71, 1964, S. 80–83 und W. Schmitthenner: Die Zeit Vergils. In: Gymn. 90, 1983, Sonderheft Vergil (= SV), S. 1–16

11 Vgl. K. Christ: Das Zeitalter der römischen Revolution. In: Römische Geschichte. Darmstadt 1973, S. 103–146 (mit Lit.); ders.: Krise und Untergang der römischen Republik. Darmstadt 1979; R. Syme: Die römische Revolution. Stuttgart 1957, ND 1967; F. Hampl: Römische Politik in republikanischer Zeit und das Problem des «Sittenverfalls». In: Das Staatsdenken der Römer, hg. v. R. Klein. Darmstadt 1966, S. 143–177

12 Vgl. Cic. ad Att. (Atticusbriefe) IX 10, 2. Vgl. auch H. Volkmann: Sullas Marsch auf Rom. Der Verfall der römischen Republik. Darmstadt 1969

13 Vgl. W. Schmitthenner: Die Zeit Vergils. In: SV 13–15

14 Vgl. Plutarch: Das Leben Caesars, Kap. 20

15 Melissus, ein Freigelassener des Maecenas, gibt diesen Eindruck wieder (SDV 15 f). Das folgende SDV 29.

16 Vgl. als Zeitdokument Ciceros Rede für Milo 1ff. (Reclam-Ausg. Stuttgart 1972, hg. v. M. Giebel)

17 Cic ad Att. (Atticusbriefe) II 5, 2 (Tusculum-Ausg.)

18 Carm. 85, zit. bei E. Norden: Die römische Literatur, in: Einleitung in die Altertumswissenschaft, hg. v. A. Gercke – E. Norden. Leipzig–Berlin 1912, S. 345

19 Cic ad fam. (Briefe an die Freunde) I 8, 10 (Tusculum-Ausg.)

20 Vgl. Catull carm. (Gedichte) 36, 5; 29; 52; 54; 57. – Zu Catull vgl. u. a.: F. Klingner: Catull. In: Römische Geisteswelt (= RG). München ⁴1961, S. 218–238

21 Das Catull-Gedicht Phaselus ille (carm. 4) in der Tusculum-Ausg. Vergil. Landleben . . . S. 641ff. Die *Catalepton*-Gedichte ebd. S. 190–209. Die Zuordnung der einzelnen Gedichte ist umstritten. Wir nehmen Nr. 5, 8, 10 als echt an. Vgl. auch RE 22f, 43ff, 67

22 Carm. 29, 9

23 Das in Hinkjamben verfaßte Catalepton 5.

24 De rer(um) nat(ura) I 936ff. – Zu Lukrez und Epikur vgl. F. Klingner: Lukrez. In: RG S. 191–217; vgl. auch: Dichter und Dichtkunst, ebd. S. 160–190, bes. S. 174ff

25 Cic de or(atore) III 63f

26 Lukrez de rer. nat. II 1ff. Übers. v. K L. von Knebel

27 Die Villa eines römischen Epikureers hieß Pausilypon – Laß die Sorgen («Sanssouci»). Daher leitet sich der Name Posillipo ab (Vorgebirge zwischen Neapel und Pozzuoli)

28 Vgl. Cic ad fam. IX 22, 3. – In Form eines Gesprächs auf seinem Landgut bei Cumae behandelt Cicero die epikureische Lehre in den Büchern I und II von De finibus (Vom höchsten Gut und größten Übel)

29 Ad fam. IX 18, 1 Ende

30 Vita Prob. 12f

31 Cicero nennt sie beide vorzügliche und gelehrte Männer (de fin. II 119)

32 An Pisos Nachkommen hat Horaz seine Epistel De arte Poetica (Von der Dichtkunst) gerichtet. Von Philodem ist ein Gedicht erhalten, in dem er Piso zur Feier von Epikurs Geburtstag einlädt (Anth. lat. XI 44)

33 Vgl. P. Grimal: Auf der Suche nach dem antiken Italien. Bergisch-Gladbach 1978, S. 203ff; A. Körte: Augusteer bei Philodem. In: Rheinisches Museum (= Rh Mus) NF 45, 1890, S. 172–177

34 Vgl. auch H. Cancik: Eine epikureische Villa. In AU XI 1, 1968, S. 62–75

35 Vgl. auch H. Naumann: Ist Vergil der Verfasser von Catalepton V und VIII? In: Rh Mus Nf 121, 1978, S. 78–93 sowie ders.: War Vergil Epikureer? In: Sileno I, Catania 1976, S. 245–257. Außerdem N. W. de Witt: Virgil at Naples. In: Class. Philol. 17, 1922, 104–110.

36 Die Kolonie Parthenope wurde um 680 v. Chr. von Cumae aus gegründet, das eine Gründung von Griechen aus dem kleinasiatischen Kyme war (8. Jh. v. Chr.). Der Name stammte von einer der Sirenen, mit denen Odysseus auf seinen Irrfahrten zusammentraf und die hier an ihrem Grab verehrt wurde. Um 470 wurde die Neustadt (Neapolis) angebaut.

37 Georg. IV 563f

38 Epikur, Ethica. Aus: Von der Überwindung der Angst, griech.-lat.-dt. hg. v. G. Krüger. Münster (Aschendorff) 1981, S. 77; 155

39 L. Bieler: ΘΕΙΟΣ ΑΝΗΡ. Das Bild des «göttlichen Menschen» in Spätantike und Frühchristentum I. Wien 1935, S. 5 (ND Darmstadt 1976). Vgl. auch O. Weinreich: Antikes Gottmenschentum (1926). In: Römischer Kaiserkult, hg. v. A. Wlosok. Darmstadt 1978, S. 55–81

40 Vgl. M. Giebel, Augustus. Reinbek 1984 (rowohlts monographien 327), S. 12 ff

41 Plutarch, Leben des Caesar, Kap. 69

42 Vgl. Appian: Bellum civile (Bürgerkrieg) (= BC), B. 5, II 12 f (Loeb-Classical Library = LCL); Cassius Dio: Römische Geschichte (= RG) B. 48, 6 (LCL). Vgl. auch V. Gardthausen: Augustus und seine Zeit. Leipzig 1891. Bd. 1,1, S. 127 ff; 142–165; 188–196

43 Ekl. 9, 28

44 Catal. 8. Vgl. J. Martin: Vergil und die Landzuweisungen. In: Würzburger Jahrbücher I, 1946, S. 98–107. Zur Erwähnung von Mantua und Cremona als Wohnsitzen des Vaters vgl. S. 12

45 Von griech. bukolos der Rinderhirt

46 Ekl. 6, 1 f; Georg. IV 565

47 Vgl. B. Snell: Arkadien, die Entdeckung einer geistigen Landschaft. In: Wege zu Vergil (= WzV), hg. v. H. Oppermann. Darmstadt 1976, S. 338–367, sowie RE 241 ff

48 Beginn von Schillers Gedicht «Resignation», Motto von Poussins Gemälde «Die Hirten in Arkadien» und Goethes «Italienischer Reise»

49 7. Idylle, 23 («Die Thalysien»). Vgl. Theocritus, Gedichte, gr.-dt. hg. v. E. P. Fritz. München 1970 sowie: Theokrit. Die echten Gedichte, übers. v. E. Staiger. Zürich–Stuttgart 1970. Zu diesem Gedicht: Ch. Segal: Theocritus' Seventh Idyll and Lycidas. In: Wiener Studien (= W St) 86, 1973, S. 20–76. Vgl. auch den Abschnitt über die Idylle in Schillers «Über naive und sentimentalische Dichtung»

50 Ekl. 3, 55 ff

51 Ekl. 5, 86 f, zitiert die Anfänge von Ekl. 2 und 3. – Zur 9. Ekloge vgl. H. Oppermann, WzV S. 101–108

52 Text und Übersetzung der 1. Ekloge in: Das erste Hirtengedicht Virgils. In: RG S. 312–326

53 Suet(on) Aug. 15

54 H. Strasburger: Vergil und Augustus. In: SV S. 50 f

55 Die Viten-Nachrichten (s. die Tusculum-Ausgabe) werden diskutiert u. a. RE 28 ff und bei H. Naumann (s. Anm. 1). Vgl. auch H. Strasburger (s. o.) S. 48 ff

56 Ekl. 1, 71 f

57 Vgl. C. Hardie: Der iuvenis der Ersten Ekloge. In: AU 5, 1981, S. 17–28 (auf L. Antonius, den Bruder des Triumvirn, gedeutet); H. Strasburger (s. o.) S. 53 ff

58 Cic Phil(ippische Reden) 5, 43. – Ciceros Briefe: an Brutus 26, 3 und an Atticus 14, 12, 2

59 Hor(az) epod. (Epode) 7, das folgende Epode 16. Die Priorität von epod. 16 und 7 sowie Vergils 4. Ekloge ist umstritten, vgl. die Übersicht bei D. Ableitinger-Grünberger: Der junge Horaz und die Politik. Heidelberg 1971, sowie N. Strosetzki: Vergil, 4. Ekloge und Horaz, 16. Epode, im Unterricht. In: AU VI 2, 1963, S. 5–30; R. Rieks: Vergil und die römische Geschichte. In: ANRW II 31, 2. Berlin–New York 1981, S. 771

60 Die Geburtsgöttin, oft mit Diana gleichgesetzt, der Schwester Apollos, des Regenten eines künftigen goldenen Zeitalters.

61 Hesiod: Erga (Werke und Tage) 109 ff. Vgl. die Darstellung der verschiedenen Vorstellungskreise der 4. Ekloge bei Strosetzki (s. Anm. 60) S. 23 f und RE 175 ff sowie B. Gatz: Weltalter, goldene Zeit und sinnverwandte Vorstellungen. Spudasmata 16, Hildesheim 1967

62 Jes. 9, 5; 11, 6–9

63 Vgl. die Zeugnisse bei J. Holtermann: Der Friedensgedanke in der augusteischen Dichtung. In: AU VI 2, 1963, S. 73–116, bes. S. 85–92 (Rede Konstantins) sowie A. Kurfeß: Sibyllinische Weissagungen. München 1951, B. III 741 ff. Vgl. auch bes. S. 208–223

64 Jes. 7, 14 ff; Ekl. 4, 31 ff

65 Tübinger Einleitung in die Philosophie, Gesamtausg. Bd. 13. Frankfurt 1970, S. 221. – Zu Vergils Arkadien: Atheismus im Christentum. Frankfurt 1973, S. 142, 217, 221

66 Suet. Aug. 94; Dio Cassius RG 45, 1 ff. Vgl. G. Radke: Aurea funis. In: Gymn. 63, 1956, S. 82–86; W. Weber: Der Prophet und sein Gott. Leipzig 1925, S. 71 ff; G. Binder: Lied der Parzen zur Geburt Octavians. In: SV S. 102–122

67 de rer. nat. II 1144 ff

68 carm. 64: Die Hochzeit des Peleus und der Thetis

69 Id. 17

70 Vgl. A. Alföldi: Der neue Weltenherrscher der IV. Ekloge. In: Hermes 65, 1930, S. 369–384, auch in: Saeculum Augustum, Bd. II, hg. von G. Binder. Darmstadt (in Vorb.)

71 Ekl. 8, 108, vgl. Theokrits «Pharmakeutriai» (Id. 2)

72 Ekl. 8, 11 f. *Carmina* hier wie öfter: Verse, nicht Lieder. – V. 11: *Bei dir ist mein Beginn, bei dir ende ich* ist eine Reminiszenz an Theokrit, der seinen musenkundigen König Ptolemaios preist, der die Dichter zu würdigen wisse. Dieses Lob gibt Vergil hier an Pollio weiter.

73 Wie der antike Kommentator Servius berichtet, bringt Vergil ab V. 46 einen Katalog von Gallusgedichten. Vgl. F. Skutsch: Aus Vergils Frühzeit. Leipzig 1901–06. – Die «Dichterweihe» des Gallus vgl. Ekl. 6, 64 ff – Gallus als Vorbild für Tibull und Properz: Ovid Tr stien IV 10, 53

74 Hor. Sat(iren) I 10, 44 f. – Properz: II 34, 68. Ovationen des Publikums: Tacitus Dialogus 13, 2

75 C. Hardie (vgl. Anm. 57), S. 21; M. Putnam: Virgil's Pastoral Art. Princeton 1970, S. 80. Wagemut literarisch verstanden bei: Ennius fr. 217 (hierauf bezogen Georg. II 175 f); Lukrez IV 1 ff. Lukrez über Ennius: I 117 ff; Hor. Sat. I 10, 46 ff; Sat. II 1, 62 f (über Lucilius); Verg. Georg. III 10 ff, Prop. III 1 ff (als «Erstheitsmotiv» bezeichnet von W. Wimmel: Kallimachos in Rom. Die Nachfolge seines apologetischen Dichtens in der Augusteerzeit. Wiesbaden 1960, S. 133)

76 Inferno 20, 81

77 Vgl. M. Giebel, Augustus, a. a. O. S. 128

78 Properz erscheint erst nach dem Erfolg seines ersten Elegienbuches um 29/28 im Kreise des Maecenas.

79 Sat. I 6; vgl. auch Sat. I 9, 43 ff

80 Carm. I 3, 8. – Die «Reise nach Brundisium» (Iter Brundisium): Sat. I 5. Vgl.

hierzu C. J. Classen: Eine unsatirische Satire des Horaz? In: Gymn. 80, 1973, S. 235–250

81 Vgl. das Urteil Ciceros in de oratore I 69

82 Georg. II 175 f

83 Erga 42 ff; vgl. auch Theogonie 565 ff

84 In: Fluch und Segen der Arbeit. In: SV S. 244. Die folg. Zitate: Georg. I 145 f; I 201 ff

85 Georg. II 460

86 Georg. II 173 f

87 F. Klingner: Italien. Name, Begriff und Idee im Altertum. In: RG S. 11–33

88 In einem Brief an Cicero: ad fam. X 31 (33), 1 (Tusculum-Ausg.)

89 Georg. I 507 ff, zitiert S. 33 f

90 Cassius Dio RG B. 48, 37, 2

91 Georg. I 500

92 De re rustica I 2, 12; I 4, 1. Vgl. auch III 1, 5

93 VDS 22

94 Georg. III 41

95 Buch IV Anfang sowie 125 ff; Ende von Buch IV (diese Stellen sind, zusammen mit den Ausblicken (Exkursen), als Auswahl-Lektüre geeignet. – Nach einer Notiz des Servius schloß das 4. Buch mit laudes Galli, einem Lob des Dichters Gallus. Nachdem dieser im Jahre 26 v. Chr. Selbstmord begangen hatte, als er sich wegen selbstherrlichen Verhaltens als Statthalter von Ägypten verantworten sollte, habe Vergil in einer 2. Auflage die laudes Galli ersetzt. Die Erwähnungen bei Ovid Amores I 15, 29 f; III 9, 63 und Properz II 34, 91 lassen dies unwahrscheinlich klingen. Eher hat Vergil mit der Gestalt des Orpheus, des großen Liebenden, dem Dichter der Liebeselegie gehuldigt. Vgl. auch RE 289 f, 293 ff.

96 Georg. II 490 ff. Vgl. F. Klingner: Philosophie und Dichtkunst am Ende des zweiten Buches des Lukrez. In: Studien zur griechischen und römischen Literatur. Zürich–Stuttgart 1964, S. 126–155 sowie V. Buchheit: Der Anspruch des Dichters in Vergils Georgica. Dichtertum und Heilsweg. Darmstadt 1972, bes. S. 55–92

97 Vgl. M. Giebel: Augustus, a. a. O. S. 51 ff

98 SDV 27 f

99 Pharsalia I 45–59, vgl. Georg. I 24–42

100 Carm. IV 5, 16 ff

101 Cic Brutus 254; Plinius d. Ä. Nat(uralis) hist(oria) (Naturgeschichite) 7, 117

102 Georg. III 46 ff. – Tithonos war ein Verwandter von Anchises, dem Vater des Aeneas

103 Über naive und sentimentalische Dichtung: Das Idyll

104 Cacata charta («Klopapier»): Catull (carm. 36, 1)

105 Der recusatio-Topos geht auf die programmatische Absage des Kallimachos an die große epische Dichtung zurück (im Prolog seiner «Aitien»). Vgl. Verg. Ekl. 6, 3 ff; 8, 8 ff; Hor. carm. I 6; IV 15, 1 ff; epist. II 1, 250 ff; Prop. II 1

106 SDV 19

107 SDV 30 f; Prop. II 34, 65 f

108 Macrobius: Saturnalien I 24, 11 (ein Dialogwerk, in dem die Teilnehmer u. a. über Vergils poetische Technik diskutieren)

109 SDV 46

110 Der Stammbaum des Aineias in Il. XX, 208 ff. Poseidons Prophezeiung: Il. XX, 293 ff, vgl. Aen. V 803 ff; II. 97 Aphrodite und Anchises: Hom. Aphroditehymnus, bes. 192–197

111 Vgl. Aen. XII 794 f. Vgl. die Lit. zur Aeneassage u. bes. als Einführung G. Binder: Äneas in: Enzyklopädie des Märchens I, hg. v. K. Ranke. Berlin–New York 1975, Sp. 509–528

112 Vgl. J. Liegle: Pietas. In: Römische Wertbegriffe, hg. v. H. Oppermann. Darmstadt 1967, S. 229–273; H. Dörrie: Pietas. In: AU IV 2, 1959, 5–27. – Zu Aeneas als Hoffnungsbild vgl. das Gedicht «Die Verstreuten» (1955) von Heinz Piontek

113 Die *Aeneis* wird, wenn nicht anders angegeben, nach dieser Übersetzung (Goldmann-Ausgabe) zitiert

114 Aen. I 33

115 Aen. I 13; I 437; II 3; II 369; II 354

116 Die gut lesbare Prosaübersetzung von V. Ebersbach: Vergil. Aeneis. Leipzig 1982 bietet: *der götterfürchtige* und *der pflichtgetreue* bzw. *-ergebene Aeneas*

117 Aen. I 378 ff; VI 403. – Kaiser Antoninus Pius hatte seinen Beinamen deshalb erhalten, weil er seinen Vorgänger und Adoptivvater Hadrian göttliche Ehren zuteil werden ließ.

118 Hierzu im allgemeinen G. N. Knauer: Die Aeneis und Homer. Göttingen 1984, sowie im besonderen: H.-P. Stahl: Aeneas – An ‹Unheroic› Hero? In: Arethusa 14, 1, 1981, S. 157–177

119 Aen. I 749; IV 412

120 Aen. III 492 ff

121 Aen. IV 361

122 F. Leo, zitiert in RE 351. – In der differenzierten psychologischen Darstellung war Apollonios Rhodios (3. Jh. v. Chr.) ein Vorläufer Vergils. In seinem Argonauten-Epos beschrieb er die Liebe Medeas zu Jason.

123 Ov. Trist. II 533 ff

124 Lucan Phars. X 135 ff formt das Gastmahl Didos zu einem Bankett Kleopatras und Caesars um.

125 «Anchises. Wär Anchises hier. Wäre er bei mir, alles wäre zu ertragen. Er ließ die Angst nicht zu, daß irgend etwas, was auch geschehen mochte, unerträglich sei.» (Christa Wolf: Kassandra. Darmstadt 1983, S. 104)

126 Monte Erice bei Trapani, die «Mutterstätte des römischen Venuskultes» (R. Heinze). Vgl. D. Kienast: Rom und die Venus vom Eryx. In: Hermes 93, 1965, S. 478–489

127 Zur Symbolik des goldenen Zweiges vgl. Nordens Kommentar S. 163 ff; J. G. Frazer: The Golden Bough. A Study in Magic and Religion. New York 1923 (dt. Der goldene Zweig. Leipzig 1928); R. A. Brooks: Discolor Aura: Reflections on the Golden Bough. In: Sammelband Vergil, ed. S. Commager. Englewood N. J. 1966, S. 143–163

128 Aen. VI 620

129 Vgl. Horaz De arte poetica (Von der Dichtkunst) 391 ff

130 Aen. VIII 615

131 Aen. VI 716 ff

132 Cic de rep. VI 15

133 Livius I 19–21

134 Vgl. Horaz' Stellungnahme zum Reformwerk des Augustus in seinen Römeroden sowie Oden B. III und IV. Vgl. auch M. Giebel: Augustus, a. a. O. S. 109 ff

135 Aen. VI 832 ff

136 Ersteres z. B. bei K. Büchner: Römische Literaturgeschichte. Stuttgart 1957, S. 307, die Gegenposition zuerst bei Augustinus: De civitate Dei (Vom Gottesstaat), Prooemium. – Die Verse im Kontext erörtert F. Eggerding: Parcere subiectis. In: Gymn. 59, 1952, S. 31–52

137 Vgl. F. Klingner: Virgil und die römische Friedensidee. In: RG S. 600–630, sowie: Rom als Idee, RG S. 631–652

138 Vgl. R. Merkelbach: Aeneas in Cumae. In: Museum Helveticum 18, 1961, S. 83–99

139 Zur wichtigen Rolle der Götterzeichen vgl. B. Grassmann-Fischer: Die Prodigien in Vergils Aeneis. München 1966; R. Heinze: Virgils epische Technik. ND Darmstadt 1957, S. 315 ff

140 Neben der Einteilung in 2 × 6 Bücher gibt es eine übergreifende Gliederung in Gruppen zu je 4 Büchern. Vgl. K. Büchner: Der Schicksalsgedanke bei Vergil. In: WzV S. 283 f; M. Lausberg: Iliadisches im ersten Buch der Aeneis. In: SV S. 203–239, aber auch G. N. Knauer: Die Aeneis und Homer, S. 327: «Ilias und Odyssee fallen in der Aeneis in eins zusammen.»

141 Aen. VII 312 dient als Motto der «Traumdeutung» von Sigmund Freud, vgl. R. Rieks: Affekt und Struktur in Vergils Aeneis. In: SV S. 160

142 Aen. VIII 99 f. Vgl. Prop. IV 1; Tibull II 5

143 Aen. VIII 319 ff

144 Zur Hercules-Cacus-Episode (VIII 185–279) vgl. H. Schnepf: Das Herculesabenteuer in Virgils Aeneis. In: Gymn. 66, 1959, S. 250–268

145 Aen. VIII 347 ff. – Zum «Spaziergang» des Aeneas vgl. G. Binder: Aeneas und Augustus. Meisenheim 1971, S. 114–149 (hier auch zur typologischen Verbindung von Hercules, Aeneas und Augustus)

146 Aen. VIII 324 ff

147 Aen. VIII 520 ff

148 Aen. XII 90 f. – Venus tritt auf als römische Stammutter (Venus Genetrix), wie sie auf dem Kapitol verehrt wurde, und als Venus Victrix, die Siegreiche, die Patronin Julius Caesars. Zu Venus vgl. A. Wlosok: Die Göttin Venus in Vergils Aeneis. Heidelberg 1967; zu Juno: V. Buchheit: Vergil über die Sendung Roms. Heidelberg 1963. Zur Erscheinungsform der Götter: R. Heinze (s. Anm. 139), S. 291 f

149 W. Schadewaldt: Der Schild des Achilleus [Il. XVIII 478–608] In: Von Homers Welt und Werk. Stuttgart 1959, S. 368

150 Vgl. G. Binder (s. Anm. 145) S. 150–282

151 «Laokoon oder über die Grenzen der Malerei und Poesie» (1766) Kap. 18

152 Aen. VII 462 ff. Vgl. M. von Duhn: Die Gleichnisse in den Allectoszenen des 7. Buches von Vergils Aeneis. In: Gymn. 64, 1957, S. 59–83, bes. S. 79. – Mit Dido wird Turnus verbunden durch das Einleitungsgleichnis des verwundeten karthagischen Löwen (XII 4 ff), vgl. M. C. J. Putnam: The Poetry of the Aeneid. Cambridge (Mass.) 1965, S. 153 ff

153 R. Rieks: Affekt und Struktur in Vergils Aeneis. In: SV S. 166

154 Aen. IV 65

155 Il. XVII, 201 ff

156 Aen. X 466 ff

157 Aen. XI 55; 177 ff

158 Aen. XII 64 ff. Vgl. R. W. Todd: Lavinia Blushed. In: Vergilius 26, 1980, S. 27–33

159 Aen. XII 715 ff

160 Aen. XII 648; XI 440 ff

161 Er findet dabei keine einhellige Zustimmung. Vgl. die ausführliche Diskussion zur Schlußszene bei W. Suerbaum: Das Ende der Aeneis. In: Auxilia 3, 1981, S. 46–103 (mit Lit.); H.-J. Glücklich: Leidenschaft, Vernunft und der Sinn des Lebens – Vergils Aeneis als Schullektüre. In: Gymn. 91, 1984, S. 40–60. – Zu den Fragen, die Vergil an den Leser weitergibt (vgl. S. 59) gehörte wohl auch die nach der zukünftiger Rolle eines überlebenden Turnus: in einem Triumvirat mit Latinus und Aeneas?

162 Vgl. Horaz carm. III 6,5 und die Junorede in carm. III 3, 18 ff

163 Vgl. Aen. I 8

164 Aen. I 33. – Junos Versöhnung wurde bereits von Jupiter prophezeit (Aen. I 279 ff)

165 Im Sammelband Virgil, hg. von S. Commager, Englewood 1966, S. 107–123. Zu den betr. Autoren vgl. W. Suerbaum: Gedanken zur modernen Aeneisforschung. In: AU XXIV 5, 1981, S. 67–103; A. Wlosok: Vergil in der neueren Forschung. In: Gymn. 80, 1973, S 141–151; R. Rieks: Vergils Dichtung als Zeugnis der römischen Geschichte. In: ANRW II 31.2, 1981, S. 839–846; G. K. Galinsky: Main Currents in Recent Work on the Aeneid. In: ANRW II 31.2, 1981, S. 987–998

166 So schon Herder in seinen «Ideen zur Philosophie der Geschichte der Menschheit» (1787), wo er Rom als «Tyrannen- und Mördergrube des Menschengeschlechts» bezeichnet.

167 Phars. 7, 445 ff; 415 ff (vgl. Lucan: Der Bürgerkrieg, lat.-dt. ed. W. Ehlers. München 1973)

168 Vgl. u. a. carm. III 14; IV 14; 15

169 Hor. ep. (Briefe) II,1, 245 ff. Übers von W. Schöne (Tusculum)

170 SDV 11. Als volkstümliche Etymologie aus Virgil von lat. virgo, griech. parthénos, die Jungfrau, erklärt von B. Hornstein: Vergilius Parthenias. In: Wiener Studien 70, 1957, S. 148–152

171 SDV 46; 44

172 Aen. IV 296

173 Georg. III 37 ff

174 Aen. III 84 ff; VIII 276 f

175 Vgl. Macrobius: Sat. III 6; III 12 V 13; Gellius: Noctes Atticae (Attische Nächte) XVII 10; IX 9, 12 ff. – Vgl. auch den Kommentar von Conington-Nettleship I S. XXIX–LIII: Early Criticism of Virgil's Poetry

176 Aen. VI 355. Vgl. RE 403 f; Vergilviten S. 678 f

177 Vgl. K. Quinn: Did Virgil fail? In: Cicero and Virgil, hg. von J. R. C. Martyn. Amsterdam 1972, S. 192–206; R. Rieks (s. Anm. 165) S. 844

178 Materialien zu H. Brochs ‹Der Tod des Vergil›, hg. von P. M. Lützeler, Frankfurt 1976, S. 244. – Auch Franz Kafka wollte, daß seine Manuskripte wegen ihrer Unfertigkeit nach seinem Tode vernichtet würden, was sein Herausgeber Max Brod verhinderte.

179 Vgl. die Beschreibung des Grabes bei G. Highet: Römisches Arkadien. Dich-

ter und ihre Landschaft. München 1964, S. 74–76

180 Aen. I 282, vgl. Sueton, Aug. 40, 5. – Georg Büchmann «Geflügelte Worte» enthält 45 Vergil-Zitate

181 Calpurnius Siculus Hirtengedichte 1 und 4, vgl. auch die sog. Einsiedler-Gedichte

182 Aen. IV 653, vgl. Seneca: De beata vita (Vom glücklichen Leben) 19

183 Plin.: ep. 3, 7, 8; Martial: Epigramme 11, 48

184 Scriptores Historiae Augustae, Alex. Sever. 29, 2; 31,4

185 F. Klingner: Geistesleben im ausgehenden Altertum. In: RG S. 530

186 Augustinus: Confessiones (Bekenntnisse) I 12, 21 f; V 8, 15. Vgl. auch K. Flach: Augustin. Einführung in sein Denken. Stuttgart 1980, S. 237 f; 244 f

187 Vgl. J. Engemann: Untersuchungen zur Sepulkralsymbolik der späteren römischen Kaiserzeit. Münster 1973

188 So Cassiodor, der Gründer des Benediktinerklosters Vivarium, in seinen Institutiones. Vgl. SV S. 251. – Über die allegorische Aeneisdeutung vgl. RE 449

189 Inf. 2, 58; Purg. 28, 82

190 Purg. 22, 64. Übers. von Karl Vossler

191 E. R. Curtius: Europäische Literatur und lateinisches Mittelalter. Bern–München ⁷1969, S. 363. – Das folgende Dantezitat ebd. S. 359, auch WzV S. 318 f

192 Petrarca. Dichtungen. Briefe. Schriften, hg. von H. W. Eppelsheimer. Frankfurt 1980, S. 63

193 In Versform (nach einer kirchlichen Sequenz) heute am Grab Vergils zu lesen

194 Die soziale Thematik dieser Wundertaten deutet eher auf volkstümliche Entstehung als auf Erfindung durch schreibende Gelehrte oder Geistliche. Die volkstümliche Auffassung vom Wundertäter und Magier Vergil konvergierte aber mit der gelehrten vom Meister allen Wissens, so daß sich beides mühelos verschmelzen ließ. Vgl. D. Comparetti: Vergil im Mittelalter. Leipzig 1875, S. 219 f; 245; W. Suerbaum: Von der Vita Vergiliana über die Accessus Vergiliani zum Zauberer Virgilius. In: ANRW II 31.2, 1981, S. 1229–1253; 1261; F. Gregorovius: Geschichte der Stadt Rom im Mittelalter. München 1978 (dtv) Bd. II, 1, S. 279 ff

195 Goethe, Faust II, 3. Akt V. 957 ff. – Zu Torquato Tasso und Milton vgl. F. Worstbrock: Elemente einer Poetik der Aeneis. Münster 1963, S. 201–247; 247–258. – Zur Schäferdichtung E. A. Schmidt: Poetische Reflexion. Vergils Bukolik. München 1972, S. 172–185. Lit. bei R. Kettemann: Bukolik und Georgik. Heidelberg 1977. Vgl. auch E. Bloch: Atheismus im Christentum. Frankfurt 1970, S. 221 f sowie: Arkadien und Utopien. In: Europäische Bukolik und Georgik, hg. von K. Gabler. Darmstadt 1976 (WdF 355), S. 1–7

196 Vgl. H. J. Moser: Didonis novissima verba in der Musik. In: Gymn. 58, 1951, S. 324. Eine moderne Vertonung stammt von Jan Novák (Kantate «Dido», 1967). Vgl. auch J. Draheim: Vergil in der Musik. In: 2000 Jahre Vergil. Wiesbaden 1983, S. 197–221, sowie Vergil 2000 Jahre. Rezeption in Literatur, Musik und Kunst, hg. von W. Taegert. Bamberg 1982, S. 59–62

197 Für ihn war die Poesie der Römer «nur eine ausländische Blume» (Ideen zur Philosophie der Geschichte der Menschheit, vgl. Anm. 166)

198 Aen. IV 361

199 Vgl. RE 463 f

200 H. Broch: Der Tod des Vergil. Frankfurt 1976, S. 452

Zeittafel

70 v. Chr.	15. Oktober: Publius Vergilius Maro in Andes bei Mantua geboren. Konsulat des Pompeius und Crassus
65	Horaz geboren
63	Caesar Octavian-Augustus geboren. Konsulat des Cicero. Verschwörung des Catilina
60	Triumvirat des Caesar, Pompeius und Crassus
59	Caesar Konsul
58–51	Eroberung Galliens durch Caesar. Winterquartier in Oberitalien (Gallia cisalpina)
55	Zweites Konsulat des Pompeius und Crassus. Vergil legt die Männertoga an, besucht die Schule in Mailand
54/53	Vergil zum Rhetorikstudium in Rom. Aufnahme in den Kreis der Neoteriker
54	Catull gestorben. Cicero gibt Lukrez' «De rerum natura» heraus
52–49 (?)	Vergil im Epikureerkreis des Siro in Neapel
49	Caesar überschreitet den Rubikon. Beginn des Bürgerkriegs
48	Caesar siegt bei Pharsalos über Pompeius und die Senatspartei
45	Caesar Diktator auf Lebenszeit
44	15. März: Ermordung Caesars. Erneuter Bürgerkrieg. Vergil lebt im Hause des Siro bei Neapel
43	Zweites Triumvirat zwischen Antonius, Lepidus und Caesars Adoptivsohn Octavian. Proskriptionen
42	Schlacht von Philippi. Landenteignungen. Vergil beginnt die Hirtengedichte (*Bucolica* oder *Eklogen*)
42/41	Vergils Gut enteignet. *1. Ekloge*
40	Friede (Abkommen) von Brundisium. *4. Ekloge*
39	Vergil im Kreise des Maecenas. Er führt Horaz ein
38–29	Arbeit an den *Georgica (Vom Landbau)*. Vergil lebt in Neapel und gelegentlich in Rom
31	Octavian siegt bei Actium über Antonius und Kleopatra. Ende der Bürgerkriege
29	Vergil liest Octavian die *Georgica* vor. Veröffentlichung der *Georgica*. Beginn der *Aeneis*
29–19	Vergil schreibt die *Aeneis*
27	Octavian erhält den Ehrennamen Augustus. Beginn des Prinzipats
23	Horaz gibt die ersten drei Odenbücher heraus
20	Augustus schließt einen Verständigungsfrieden mit den Parthern und erhält die verlorenen Feldzeichen zurück
19	Vergil bricht zu einer Reise nach Griechenland und Kleinasien auf, um letzte Hand an seine *Aeneis* anzulegen. September: Er trifft Augustus in Athen und kehrt fieberkrank mit diesem zurück. 21. September: Vergil stirbt in Brundisium. Er wird in Neapel beigesetzt
19/18	Die *Aeneis* erscheint

Zeugnisse

Tityrus und das Bebauen des Felds
Und die Waffen Aeneas'
Wird man lesen solang'
Roma die Erde beherrscht!

Ovid: «Amores» (15 v. Chr.)

Als größtes Talent ragt in unserer Zeit hervor der Fürst aller Dichtung,
Vergil.

Velleius Paterculus: «Römische Geschichte» (29 n. Chr.)

Bewunderungswürdig und mit aller Weisheit geschmückt ist in der Tat der
Mann, der wohl die Grausamkeit der damaligen Zeit kannte und doch
sagt, daß bei der Geburt des Erlöserkindes Friede herrscht zwischen den
Tieren des Feldes und reißenden Löwen.

Kaiser Konstantin: Rede an die Hl. Versammlung. 325

Du bist der Meister mir, der schöpferische,
der einzige, von dem die hohe Kunst
des Worts ich habe, die mir Ehre bringt.

Dante Alighieri: «Die göttliche Komödie». 1320

Der witzig sy, ganzt umb und umb,
Der läs myn friend Vergilium.

Sebastian Brant: «Das Narrenschiff». 1494

Ich habe immer die Auffassung gehabt, daß in der Dichtkunst Vergil,
Lukrez, Catull und Horaz mit sehr weitem Abstand den ersten Rang ein-
nehmen: und ganz ausdrücklich Vergil mit seinen *Georgica*, die ich als das
vollendetste Werk der Dichtkunst einschätze.

Michel de Montaigne: «Essais». 1588

Homer hat Vergil gemacht, sagt man; wenn das so ist, so war es zweifellos
sein bestes Werk.

Voltaire: «Appendix zur Henriade». 1728

Es heißt, den Vergil von seiner dichterischen Würde gewaltig heruntersetzen, wenn man ihm politische Absichten bei seiner *Äneis* beimißt. Ich gebe es zu, daß er gelegentlich auf die damalige neue Staatsverfassung einen gefälligen Seitenblick geworfen, um sich durch schmeichelhafte Anspielungen des Beifalls des Augustus so mehr zu versichern. Allein dergleichen Zufälligkeiten zu seinem Hauptendzweck machen, ist sehr seltsam und heißt, einen Baumeister einen prächtigen, kostbaren Turm aufführen lassen bloß in der Absicht, um in den Grundstein desselben, ich weiß nicht welche geheime Nachrichten verschließen zu können, die nicht eher als mit dem gänzlichen Umstürzen des Turmes wieder zur Wissenschaft der Welt gelangen können.

Gotthold Ephraim Lessing:
«Laokoon oder über die Grenzen der Malerei und Poesie». 1766

Um eine *Aeneis* des Virgil, um die ruhige Muße eines Horaz und seine urbanen Briefe zu erkaufen, mußten Ströme von Römerblut vorher vergossen, zahllose Völker und Reiche unterdrückt werden; waren diese schönen Früchte eines erpreßten goldenen Zeitalters solchen Aufwands wert?

Johann Gottfried Herder:
«Ideen zur Philosophie der Geschichte der Menschheit». 1784–91

Zum ersten Mal habe ich denn eine Idee von diesem Werk [der *Aeneis*] bekommen, über die ich ganz erstaunen mußte. Niemals habe ich es mir so schlecht denken können. Erstlich dünkt es mich ganz und gar nicht episch – es ist nirgend ein heiteres Verweilen, sondern eine solche Rastlosigkeit und Leidenschaftlichkeit, daß mir moderner als modern dabei zu Sinne wird.

Caroline an Wilhelm Schlegel, 1799

Ganz anders als mit Homer geht es uns mit dem schönen süßen Halbhelden der *Äneide*. Mit der Mattigkeit desselben wächst zugleich die Notwendigkeit und Zahl und Unleidlichkeit der Hülfgötter. Virgil hätte also recht gehabt, daß er dies Heldengedicht zum Feuer-Tode des Herkules verdammte, wenn dadurch am Gedichte, wie am Herkules, nur der sterbliche Teil eingeäschert worden, nämlich Äneas, der unsterbliche aber (die Episoden und Beschreibungen) zum Vergöttern geblieben wären.

Jean Paul: «Vorschule der Ästhetik». 1803/04

Vergil ist nur der Mond Homers.

Victor Hugo: «Cromwellrede». 1827

Mir ist, als hätte ich Virgil gekannt und als wüßte er, wie sehr ich ihn liebe.

Hector Berlioz. Brief an E. Deschamps. 1842

Vergils Aeneas läßt ein wenig kalt...zuviel Tugend, zu wenig Leidenschaft, zuviel Vernünftigkeit, zuviel Geradheit, zuviel Gleichgewicht und Seelenruhe, zuviel Milde, zuviel Güte.

Giacomo Leopardi: «Pensieri»: 1845

Gewiß gilt es nicht, die antiken Dichter zu imitieren, wohl aber ihrem phantastischen Ansatz zu folgen ... Ich habe die *Georgica* verstanden. Schön sind sie nämlich nicht, weil sie das Landleben so gefühlvoll beschreiben, sondern weil sie das ganze Land in geheime mythische Realitäten tauchen: Sie durchdringen den Schein der Dinge und zeigen noch in der Geste des prüfenden Blickes zum Himmel oder des Sichelschleifens die schemenhafte Präsenz eines Gottes, der all das geschaffen oder gelehrt hat.

Cesare Pavese: «Briefwechsel». 1942

Literarisch gesehen ist dies Vergils Bedeutung für uns: daß er uns zu einer kritischen Norm verhilft.

T. S. Eliot: «Was ist ein Klassiker?». 1944

Mit Vergil und Horaz beginnt die Geschichte der Poesie als politischer Affirmation mit allem Ernst.

Hans Magnus Enzensberger: «Poesie und Politik». 1976

Wie verlockend Vergil gerade die kleinen Gegenstände schildert: den Becher aus Buchenholz, *«mit feinem Stichel oben angebracht eine biegsame Rebe, welche Beerenbüschel überkleidet, die im mattfarbenen Efeu verstreut sind»* («Sizilische Musen, besingen wir das ein wenig Höhere ...»: das ist es ja schon)

Peter Handke: «Phantasien der Wiederholung». 1983

Bibliographie

Ein umfassendes Literaturverzeichnis von über 7000 Titeln bietet W. Suerbaum: Hundert Jahre Vergilforschung. Eine systematische Arbeitsbibliographie mit besonderer Berücksichtigung der Aeneis. In: Aufstieg und Niedergang der römischen Welt (= ANRW) II 31.1. Berlin – New York 1980, S. 3–358; ebd. auch eine Spezialbibliographie zu Vergils Georgica, S. 395–499. Über Bibliographien des Auslands sowie Sammelbände informiert: W. Suerbaum: Gedanken zur modernen Aeneis-Forschung. In: Der altsprachliche Unterricht (= AU) XXIV 5/1981, S. 67–103. Die jährlichen Neuerscheinungen enthält jeweils die Zeitschrift L'Année philologique. Bibliographie critique et analytique de l'antiquité gréco-latine, ed. J. Marouzeau u. a. Paris ab 1928 sowie die Rezensionszeitschrift Gnomon mit ihren bibliographischen Beilagen und der Anzeiger für die Altertumswissenschaft, hg. von der österr. Humanistischen Gesellschaft (= AAHG), Innsbruck.

Ausführliche neuere Literaturverzeichnisse finden sich in:

Suerbaum, W.: Vergils «Aeneis». Epos zwischen Geschichte und Gegenwart. Stuttgart 1999
Holzberg, N.: Vergil. Der Dichter und sein Werk. München 2006
Binder, E. und G.: Vergilius Maro. Aeneis. Lat.-dt. Stuttgart 2008

Zu Vergils 2000. Todesjahr 1981 erschienen u. a. folgende deutsche Publikationen:

Zu Vergils 2000. Todestag, hg. von H. Naumann, AU XXIV 5/81
Vergil-Jahrbuch 1982, hg. von A. Wlosok. Würzburger Jahrbücher (= WJb.) NF 8, 1982
Vergil. 13 Beiträge zum Bimillenarium Vergilianum, hg. von F. Bömer / L. Voit. Gymnasium (= Gymn.) 90, H. 1/2, 1983 (Sonderheft Vergil = SV)
2000 Jahre Vergil. Ein Symposion, hg. von V. Pöschl. Wolfenbütteler Forschungen Bd. 24. Wiesbaden 1983
Vergil. Handschriften und Drucke der Herzog August Bibliothek, hg. von B. Schneider / B. Kytzler. Wolfenbüttel 1982
P. Vergilius Maro. Zur 2000. Wiederkehr seines Todes. Ausstellung der Stadt- und Universitätsbibliothek Trier, hg. von G. Franz. Trier 1982
Vergil 2000 Jahre. Rezeption in Literatur, Musik und Kunst. Ausstellung der Universitäts- und Staatsbibliothek Bamberg, hg. von W. Taegert. Bamberg 1982
Wlosok, A.: Bimillenarium Vergilianum 1981/1982 (1983): Wiss. Kongresse, Symposien, Tagungen, Vortragsreihen, Jubiläumsbände – ein Überblick. In: Gnomon 57, 1985, S. 127–134

1. Textausgaben

P. Vergilii Maronis Opera. Rec. O. RIBBECK, 4 Bde. Leipzig 1894–95. ND in 1 Band. Hildesheim 1966

P. Vergili Maronis Opera, ed. W. JANELL. Leipzig 1920

Vergilius. Opera, rec. R. SABBADINI – L. CASTIGLIONI – M. GEYMONAT. 2 Bde. Rom – Turin 1930–1954–1973

P. Vergilii Maronis Opera, rec. R. A. B. MYNORS. Oxford 1969, 1972

2. Kommentare des Gesamtwerks, Hilfsmittel

Vergils Gedichte erkl. von TH. LADEWIG – K. SCHARPER – P. JAHN – P. DEUTICKE. 3 Bde. Berlin 1915/1912/1904, 10. Aufl. Dublin – Zürich 1973

P. Vergilius Maro, The Works of Virgil. With a Commentary by J. CONINGTON and H. NETTLESHIP, rev. by F. HAVERFIELD. 3 Bde. London 1883–98, ND Hildesheim 1976

(Virgilio) Eneide con episodi significativi di Iliade e Odissea di M. GEYMONAT (it. mit Komm. und Bildmaterial). Bologna 1987

BÜCHNER, K.: Vergilius Maro. Der Dichter der Römer. Stuttgart ²1961 (Sonderdruck aus Pauly-Wissowa, Realencyclopädie der classischen Altertumswissenschaft)

MERGUET, H.: Lexikon zu Vergilius mit Angabe sämtlicher Stellen. Leipzig 1912. ND Darmstadt 1961

GERSTMANN, D.: Bibliographie: Lateinunterricht. Lat. Autoren: Sekundärlit., Werkausgaben, Kommentare u. Übers. Paderborn 1997

SUERBAUM, W.: Vergilius [4] Maro, P. In: Der Neue Pauly, Bd. 12/2, Sp. 42–60

3. Zweisprachige Ausgaben

BINDER, E. u. G.: Aeneis. Lat./dt. Gesamtübersetzung in 6 Bänden. Stuttgart 1994 ff; jetzt in einem Band. Stuttgart 2008

FAIRCLOUGH, H. R.: Virgil with an English Translation. London – New York 1916–18; 1935–36 (LCL)

GOELZER, H./BELLESORT, A./DURANT, R.: Virgile. Œuvres. Texte établi et traduit. Paris 1925 ff

GÖTTE, J. u. M.: Vergil. Landleben. Bucolica. Georgica. Catalepton. Vergil-Viten ed. K. BAYER, Zürich – München, Düsseldorf ⁶1995

GÖTTE, M. u. J.: Vergil. Aeneis. Lat.-dt., Nachwort u. a. von B. KYTZLER. Zürich – München ⁷1988

NAUMANN, H.: Vergil. Hirtengedichte. Lat.-dt. mit den echten Jugendgedichten der Vergil-Vita des Sueton und der Einführung in die Hirtengedichte durch Donat. München 1969

4. Neuere deutsche Übersetzungen

ALBRECHT, M. VON: Bucolica/Hirtengedichte. Studienausgabe. Lat.-dt. mit Komm. und Nachwort. Stuttgart 2001

EBENER, D.: Vergil. Werke in einem Band: Kleine Gedichte, Hirtengedichte, Lied vom Landbau, Lied vom Helden Aeneas. Berlin – Weimar 1984

EBERSBACH, V.: Vergil. Aeneis. Prosaübersetzung mit Essay und Namensverzeichnis. Leipzig 1982, [3]1993

FINK, G.: Vergil. Aeneis. Lat.-dt. Düsseldorf 2005

GÖTTE, J. u. M. – BAYER, K.: Vergil. Landleben. Bucolica. Georgica. Catalepton. Vergilviten. München – Zürich [5]1987

HAECKER, TH.: Vergil. Hirtengedichte. München 1953

–: Vergil. Hirtengedichte, mit Lithographien v. R. Kirchner. Bonn 1974

PLANKL, W. – VRETSKA, K.: Vergil. Aeneis. Stuttgart 1981 u. ö.

SCHEFFER TH. VON: Vergil. Aeneis. Hg. von M. VON ALBRECHT. München [2]1979

SCHÖNBERGER, O.: Georgica/Vom Landbau. Lat.-dt. Stuttgart 1998

SCHRÖDER, R. A.: Vergil. Bucolica. Georgica. Aeneis. Hg. von B. KYTZLER. München 1976

–: Vergil. Aeneis. Mit Miniaturen aus dem Codex Vergilianus Vaticanus. Frankfurt a. M. 1991

STAIGER, E.: Vergil. Aeneis. München 1981

VEZIN, A.: Vergil. Aeneis. Lat.-dt. Münster [5]1983

5. Zu Vergils Leben

CONWAY, R. S.: The youth of Vergil. London 1930

GORDON, M. L.: The family of Vergil. In: Journal of Roman Studies XXIV, 1934, S. 1–12

GRIMAL, P.: Vergil. München – Zürich 1987

HIGHET, G.: Vergil. In: Römisches Arkadien. München 1957

KNIGHT, W. F.: Roman Vergil. London 1946. ND Harmondsworth [2]1966

KÖRTE, A.: Augusteer bei Philodem. In: Rheinisches Museum (= RhM) 45, 1890, S. 172–177

MCKAY, A. G.: Vergil's Italy. Greenwich (Conn.) – Bath 1970

NARDI, B.: Mantuanitas Vergiliana. Heidelberg 1963

NAUMANN, H.: Was wissen wir von Vergils Leben? In: Der altsprachliche Unterricht (= Au) XXIV, [5]1981, S. 5–16

ROSTAGNI, A.: Virgilio minore. Turin 1933 – Rom [2]1961

WELLESLEY, K.: Virgil's home. In: Wiener Studien (= WS) 79, 1966, S. 330–350

WITT, N. W. DE: Vergil at Naples. In: Classical Philology XVII, 1922, S. 104–111

6. Zu Geschichte und Literatur

ALBRECHT, M. VON: Geschichte der römischen Literatur. 2 Bde. Bern 1991, München 1994

–: Die römische Literatur in Text und Darstellung Bd. 3: Augusteische Zeit. Stuttgart 1985

ALFÖLDI, A.: Octavians Aufstieg zur Macht. Bonn 1976 (Antiquitas 1,25)

BENGTSON, H.: Grundriß der römischen Geschichte mit Quellenkunde. Bd. 1: Republik und Kaiserzeit bis 284 n. Chr. (Handbuch der Altertumswissenschaft III 5). München [3]1979

–: Kaiser Augustus. Sein Leben und seine Zeit. München 1981

BINDER, G. (Hg.): Saeculum Augustum. Bd. 1: Herrschaft und Gesellschaft, Bd. 2: Religion und Literatur. Darmstadt 1987/88, Wege der Forschung (= WdF) Bd. 266/512 (mit Bibliographie)

BLEICKEN, J.: Augustus. Eine Biographie. Berlin 1999

BRINGMANN, K.: Augustus. Darmstadt 2007

CHRIST, K.: Das römische Weltreich. Aufstieg und Zerfall einer antiken Großmacht. Freiburg 1973

–: Krise und Untergang der römischen Republik. Darmstadt [2]1984

FUHRMANN, M.: Geschichte der römischen Literatur. Stuttgart 1999

GARDTHAUSEN, V.: Augustus und seine Zeit. 3 Bde. Leipzig 1891–1904. ND Aalen 1964

GIEBEL, M.: Cicero. Reinbek [17]2008 (rowohlts monographien 502)

–: Augustus. Reinbek [8]2009 (rowohlts monographien 503)

HEUSS, A.: Römische Geschichte. Braunschweig [5]1983, Paderborn [6]1998

KIENAST, D.: Augustus. Prinzeps und Monarch. Darmstadt 1982, [4]2009

KLOFT, H.: Aspekte der Prinzipatsideologie im frühen Prinzipat. In: Gymn. 91, 1984, S. 305–326

KOSTER, S.: Vergil und Augustus. In: Palingenesia XXX 1990, S. 127–146

LEFÈVRE, E.: Die unaugusteischen Züge der augusteischen Literatur. In: Saeculum Augustum II, S. 173–196

LITTLE, D.: Politics in Augustan Poetry. In: ANRW II 30.1, 1982, S. 254–370

MEIER, CHR.: Die Ohnmacht des allmächtigen Diktators Caesar. Drei biographische Skizzen. Frankfurt a. M. 1980 (edition suhrkamp NF Bd. 38)

OPPERMANN, H.: Caesar. Reinbek [20]2011 (rowohlts monographien 501)

PÖSCHL, V.: Virgil und Augustus. In: ANRW 31.2, S. 709–727

RAAFLAUB, K. A. / TOHER, M.: Between Republic and Empire. Interpretations of Augustus and his Principate. Berkeley u. a. 1990

RIEKS, R.: Vergil und die römische Geschichte. In: ANRW 31.2, S. 728–868

SCHMIDT, E. A.: Augusteische Literatur. System in Bewegung. Heidelberg 2003

SCHMITTHENNER, W.: Die Zeit Vergils. In: SV S. 1–16

–: Caesar Augustus – Erfolg in der Geschichte. In: Saeculum 36.4, 1985, S. 286–298

STRASBURGER, H.: Vergil und Augustus. In: SV S. 41–76

SYME, R.: Die römische Revolution, hg. von W. DAHLHEIM. München 1991

WOODMAN, T. / WEST, D. (Hg.): Poetry and politics in the age of Augustus. Cambridge 1984

7. Allgemeine Darstellungen zu Vergil

ALBRECHT, M. VON: Vergil: Bucolica – Georgica – Aeneis. Eine Einführung. Heidelberg 2006

BECKMANN, F.: Mensch und Welt in der Dichtung Vergils. Münster 1950 (Orbis antiquus 1)

BUCHHEIT, V.: Vergilische Geschichtsdeutung. In: Grazer Beiträge 1, 1973, S. 23–50

CURTIUS, E. R.: Zweitausend Jahre Vergil. In: Wege zu Vergil (WzV), hg. von H. OPPERMANN, Darmstadt 1976 (Wege der Forschung XIX), S. 29–42

GLEI, R. F.: Der Vater der Dinge. Interpretationen zur politischen, literarischen und kulturellen Dimension des Krieges bei Vergil. Trier 1991

GRIFFIN, J.: Virgil. Oxford – New York 1986

GRIMAL, P.: Vergil. Zürich – München 1987

HAECKER, TH.: Vergil, Vater des Vaterlandes. München [6]1948

HALTER, TH.: Vergil und Horaz. Zu einer Antinomie der Erlebnisform. Bern 1970

HENTZE, H. VON: Die antiken Bildnisse Vergils. In: Gymn. 94, 1987, S. 481–497

HOLZBERG, N.: Vergil. Der Dichter und sein Werk. München 2006

KLINGNER, F.: Virgil. Bucolica. Georgica. Aeneis. Zürich – Stuttgart 1967

–: Virgil. Wiederentdeckung eines Dichters. In: Römische Geisteswelt (= RG). München 4/1061, S. 239–273

–: Die Einheit des Virgilischen Lebenswerkes. Ebd. S. 274–292. Virgil und die geschichtliche Welt. Ebd. S. 293–311

MACAUSLAN, J./WALCOT, P. (Hg.): Virgil. Greece and Rome Studies. Oxford 1990

MARTINDALE, C. (Hg.): The Cambridge Companion to Vergil. Cambridge 1997/2002

OPPERMANN, H. (Hg.): Wege zu Vergil. Drei Jahrzehnte Begegnungen in Dichtung und Wissenschaft. Darmstadt 1976, Wege der Forschung XIX = WzV

OTIS, B.: Virgil. A study in civilized poetry. Oxford 1963

POETSCHER, W.: Vergil und die göttlichen Mächte. Aspekte seiner Weltanschauung. Hildesheim – New York 1977 (Spudasmata 35)

RIEKS, R.: Vergils Dichtung als Zeugnis und Deutung der römischen Geschichte. In: ANRW II 31.2, 1981, S. 728–868

–: Vergil – klassisches Vermächtnis und aktuelle Herausforderung. In: Universitas 39, 1984, S. 663–674

SCHADEWALDT, W.: Sinn und Werden der vergilischen Dichtung. In: WzV S. 43–68

SCHMIDT, E. A.: Vergils Glück. Seine Freundschaft zu Horaz als ein Horizont unseres Verstehens. In: 2000 Jahre Vergil. Wolfenbütteler Forschungen 24. Wiesbaden 1983, S. 1–36

SELL, O.: Das Strenge und das Zarte: Vergil. In: Weltdichtung Roms zwischen Hellas und Gegenwart. Berlin 1965, S. 298–338

WILL, W.: Vergil. München 1930. ND 1952

WILLIAMS, R. D.: Virgil. Oxford 1967

ZINN, E.: Die Dichter des alten Rom und die Anfänge des Weltgedichts. In: Römertum, hg. von H. OPPERMANN, Darmstadt 1962, S. 155–187

8. Zu den Hirtengedichten (Eklogen)

Kommentar:

CLAUSEN, W.: A Commentary on Virgil's Eclogues. Oxford 1994

ALFÖLDI, A.: Der neue Weltherrscher der vierten Ekloge Vergils. In: Saeculum Augustum II, hg. von G. BINDER, S. 197–215

ALTEVOGT, H.: Die erste Ekloge Vergils im Unterricht. In: AU 9, 1956, S. 5–23

BECKER, C.: Vergils Eklogenbuch. In: Hermes (= H) 83, 1955, S. 314–349

BENKO, S.: Virgil's fourth Eclogue in Christian Interpretation. In: ANRW 31.1, S. 646–705 (mit Lit.)

BINDER, G.: Lied der Parzen zur Geburt Octavians. In: SV S. 102–122

BÖMER, F.: Tityrus und sein Gott. In: WJb. NF4, 1949/50, S. 61–70

BOYLE, A. J.: The Chaonian dove. Studies in the Eclogues, Georgics and Aeneid of Virgil. Leiden 1986

BRAUN, L.: Der Sängerwettstreit der Hirten in Vergils 3. und 7. Ekloge. In: Gymn. 78, 1971, S. 400–406

BRIGGS, W. W.: A Bibliography of Vergil's Eclogues (1927–1977). In: ANRW II 31.2 (1981), S. 1267–1357

BÜCHNER, K.: Die römische Lyrik. Vergil. Stuttgart [2]1983

CHWALEK, B.: Elegische Interpretationen zu Vergils zehnter Ekloge. Gymn. 97, 1990, S. 304–320

FABER, R.: Politische Idyllik. Zur sozialen Mythologie Arkadiens. Stuttgart 1977

FREDERICKSMEYER, E. A.: Octavian and the unity of Virgil's first eclogue. In: H 94, 1966, S. 208–218

GATZ, B.: Weltalter, goldene Zeit und sinnverwandte Vorstellungen. Hildesheim 1967

HARDIE, C.: Der iuvenis der Ersten Ekloge. In: AU 24/5, 1981, S. 17–28

HOMMEL, H.: Vergils «messianisches» Gedicht. In: WzV S. 386–425

KETTEMANN, R.: Bukolik und Georgik. Studien zu ihrer Affinität bei Vergil und später. Heidelberg 1977

KLINGNER, F.: Das erste Hirtengedicht Virgils. In: RG S. 312–326

KRAUS, W.: Vergils vierte Ekloge. Ein kritisches Hypomnema. In: ANRW 31.1, S. 604–645 (mit Lit.)

KURFESS, A.: Vergils vierte Ekloge und die Oracula Sibyllina. In: Hist. Jahrb. 73, 1954, S. 120–127

LEACH, E.: Vergil's Eclogues. Landscapes of experience. Ithaca (USA) – London 1974

NAUMANN, H.: Das Geheimnis der vierten Ekloge. In: AU 5/81, S. 29–47

NORDEN, E.: Die Geburt des Kindes. Geschichte einer religiösen Idee. Leipzig 1924. ND Darmstadt 1969

OPPERMANN, H.: Vergil und Octavian. Zur Deutung der ersten und vierten Ekloge. In: H 67, 1932, S. 197–219

PFEIFFER, E.: Virgils Bukolika. Untersuchungen zum Formproblem. Stuttgart 1933

PÖSCHL, V.: Die Hirtendichtung Virgils. Heidelberg 1964

PUTNAM, M. C. J.: Vergil's pastoral art. Studies in the Eclogues. Princeton 1970

RADKE, G.: Vergils Cumaeum carmen. In: Gymn. 66, 1959, S. 217–246

RÖMISCH, E.: Virgils vierte Ekloge im Unterricht. Heidelberger Texte – Didaktische Reihe 1. Heidelberg 1970

SCHMIDT, E. A.: Poetische Reflexion. Vergils Bukolik. München 1972

–: Zur Chronologie der Eklogen Vergils. SB Akad. Wiss. 6, Heidelberg 1974

–: Bukolische Leidenschaft oder Über antike Hirtenpoesie. Frankfurt a. M. u. a. 1987 (Studien zur Klass. Phil. 22)

SENG, H.: Vergils Eklogenbuch. Aufbau, Chronologie und Zahlenverhältnisse. Hildesheim u. a. 1999

–: «Tityre, te cecini». Politische Aspekte des Rückbezugs auf die Eklogen in Vergils Georgica. In: Gymn. 116, 2009, S. 237–256

SNELL, B.: Arkadien, die Entdeckung einer geistigen Landschaft. In: WzV S. 338–367

VAN SICKLE, J.: Reading Virgil's Eclogue Book. In: ANRW II 31.1 (1980), S. 576–603

VRETSKA, K.: Vergils neunte Ekloge. In: Antike Lyrik, hg. von W. EISENHUT. Darmstadt 1970, S. 120–142

WEBER, W.: Der Prophet und sein Gott. Eine Studie zur vierten Ekloge Vergils. Leipzig 1925

WITTE, K.: Der Bukoliker Vergil. Die Entstehungsgeschichte einer römischen Literaturgattung. Stuttgart 1922

150

9. Zu den Georgica

RICHTER, W.: Virgilius Maro. Georgica. Hg. und erkl. München 1957

ERREN, M.: Vergilius Maro. Georgica. Bd. 1: Text und Übers. Bd. 2: Kommentar. Heidelberg 1985/86, 2003

THOMAS, R. F.: Virgil, Georgics. Cambridge 1988

MYNORS, R. A. B.: Virgil's Georgics: A Commentary. Oxford 1990

ALTEVOGT, H.: Labor improbus. Eine Vergilstudie. Orbis antiquus 8. Münster 1952

BOYANCÉ, P.: La religion des ‹Géorgiques› a la lumière des travaux récents. (Mit Bibliogr.) In: ANRW II 31.1, S. 549–573

BUCHHEIT, V.: Der Anspruch des Dichters in Vergils Georgica. Dichtertum und Heilsweg. Darmstadt 1972

BURCK, E.: Die Komposition von Vergils Georgica. In: Vom Menschenbild in der Römischen Literatur. Heidelberg 1966. S. 89–116

DREXLER, H.: Zu Vergils Georgica I 118–159. In: Rheinisches Museum (= RhM) NF 110, 1967, S. 165–174

EFFE, B.: Labor improbus – ein Grundgedanke der Georgica in der Sicht des Manilius. In: Gymn. 78, 1971, S. 393–399

ESTERMANN, R.: Vergils Georgica als Darstellung seiner Weltanschauung. Diss. Basel 1975

FLEISCHER, U.: Musentempel und Octavianverehrung des Vergil im Prooemium zum 3. Buch der Georgica. In: H 88, 1960, S. 280–331

FRENTZ, W.: Mythologisches in Vergils Georgica. Königstein 1967 (Beiträge zur Klass. Phil. 21)

FUHRMANN, M.: Fluch und Segen der Arbeit. Vergils Lehrgedicht von der Landwirtschaft in der europäischen Tradition. In: SV S. 240–257

HERING, W.: C. Cornelius Gallus und Vergil. Das Problem der Umarbeitung des 4. Georgica-Buches. Diss. Münster 1977/1980

JOHNSON, W. R.: The broken world: Virgil and his Augustus. In: Arethusa 14, 1981, S. 49–56

JOHNSTON, P. A.: Vergil's agricultural Golden Age. A study of the Georgics. Leiden 1980

KETTEMANN, R.: Das Finale des 3. Georgica-Buches. In: WJB 8, 1972, S. 23–33

KLINGNER, F.: Virgils Georgica. Zürich – Stuttgart 1963

LEFÈVRE, E.: Die laudes Galli in Vergils Georgica. Wiener Studien (= WS) NF 20, 1986, S. 186–192

MILES, G. B.: Virgil's Georgics. Berkeley 1980

NAPPA, C. J.: Reading after Actium. Vergil's Georgics, Octavian and Rome. Ann Arbor 2005

PERKELL, CHR.: The poet's truth. A study of the poet in Virgil's Georgics. Berkeley – Los Angeles – New York 1989

PRIDIK, K. H.: Vergils ‹Georgica›: Darstellung und Interpretation des Aufbaus. In: ANRW II 31.1, S. 500–548

PUTNAM, M. C. J.: Virgil's poem of the earth. Princeton 1979

SCHÄFER, E.: Die Wende zur Augusteischen Literatur. Vergils Georgica und Octavian. In: SV Vergil, S. 77–101

SCHMIDT, M.: Die Komposition von Vergils Georgica. Paderborn 1930

STRAUSS-CLAY, J.: The old man in the garden (Georg. 4, 116–148). In: Arethusa 14, 1981, S. 57–65

WINSOR-LEACH, E.: Georgics 2 and the poem. In: Arethusa 14, 1981, S. 35–48

WILKINSON, L. P.: The Georgics of Virgil. A critical survey. Cambridge 1969

10. Zur Aeneis

Kommentare:

PAGE, T. E.: Vergilius, Aeneid, 2 vol. London 1894–1900

WILLIAMS R. D.: The Aeneid of Vergil, ed. with introduction and notes, Basingstoke – London, 2 vol. (B. 1–6; 7–12), 1972–73

B. I.: A. WEIDNER, Leipzig 1869. R. S. CONWAY, Cambridge 1935. R. G. AUSTIN, Oxford 1971

B. II: A. WEIDNER, Leipzig 1869. R. G. AUSTIN, Oxford 1964. N. HORSFALL, Leiden 2008

B. III: R. D. WILLIAMS, Oxford 1962

B. IV: A. S. PEASE, Cambridge (Mass.) 1935. ND Darmstadt 1967; R. G. AUSTIN, Oxford 1955

B. V: R. D. WILLIAMS, Oxford 1960

B. VI: E. NORDEN, Leipzig 1903. ND Darmstadt 1957, [8]1984. H. E. BUTLER, Oxford 1920. R. G. AUSTIN, Oxford 1955/1977. F. STEPHAN-KÜHN, Paderborn 1980

B. VII: C. J. FORDYCE. Oxford 1977

B. VIII: P. T. EDEN, Leiden 1975 (= Mnemosyne Suppl. 15). C. J. FORDYCE, Oxford 1977. K. W. GRANSDEN, Cambridge 1976

B. IX: E. T. PAGE. London 1938. PH. HARDIE, Cambridge 1994. J. DINGEL, Heidelberg 1997

B. X: R. J. FOREMAN, Ann Arbor (Mich.) 1974

B. XI: H. E. GOULD, London 1964. K. P. NIELSON, Ann Arbor 1982

B. XII: W. S. MAGUINNESS, London [2]1962

Zur Aeneassage:

ALFÖLDI, A.: Die trojanischen Urahnen der Römer. Basel 1957

–: Das frühe Rom und die Latiner. Darmstadt 1977

BINDER, G.: Äneas. In: Enzyklopädie des Märchens Bd. I, hg. von K. RANKE. Berlin – New York 1975, Sp. 509–528

BÖMER, F.: Rom und Troja. Baden-Baden 1951

Enea in Lazio. Archeologia e mito. Bimillenario Virgiliano. Rom 1981, Katalog der Ausstellung im Konservatorenpalast

FUCHS, W.: Die Bildgeschichte der Flucht des Aeneas. In: ANRW I 4, S. 615–632 u. Tafelband I 4, S. 47–58

GALINSKY, G.: Aeneas, Sicily and Rome. Princeton 1969

–: «Troiae qui primus ab oris …» (Aen. I 1). In: Gymn. 81, 1974, S. 182–200

HÖLSCHER, T.: Mythen als Exempel der Geschichte. In: Mythos in mythenloser Gesellschaft. Das Paradigma Roms. Hg. v. F. GRAF. Stuttgart – Leipzig 1993, S. 67–87

MALTEN, L.: Aineias. In: Archiv für Religionswiss. 29, 1931, S. 33–59

SCHAUENBURG, K.: Äneas und Rom. In: Gymn. 67, 1960, S. 176–191

SCHERER, M. R.: The legends of Troy in art and literature. New York – London 1963

Somella, P.: Das Heroon des Aeneas und die Topographie des antiken Lavinium. In: Gymn. 81, 1974, S. 273–297

Strasburger, H.: Zur Sage von der Gründung Roms. SB Akad. Wiss. 5, Heidelberg 1968

Weber, E.: Die trojanische Abstammung der Römer als politisches Argument. In: WS NF 6, 1972, S. 213–225

Darstellungen zur Aeneis:

Albrecht, M. von: Die Kunst der Spiegelung in Vergils Aeneis. In: H 93, 1965, S. 54–65

–: Vergils Geschichtsauffassung in der ‹Heldenschau›. In: WS 80, 1967, S. 156–182

–: Zur Tragik von Vergils Turnusgestalt: Aristotelisches in der Aeneis. In: Silvae. Festschrift für E. Zinn, hg. von M. von Albrecht. Tübingen 1970, S. 1–5

Anderson, W. S.: The art of the Aeneid. Englewood Cliffs (N. J.) 1969

Becker, C.: Der Schild des Aeneas. In: WS 77, 1964, S. 111–127

Bellen, H.: Adventus Dei. Der Gegenwartsbezug in Vergils Darstellung der Geschichte von Cacus und Hercules (Aen. VIII 184–275). In: RhM 106, 1963, S. 23–30

Berres, T.: Die Entstehung der Aeneis. Wiesbaden 1982 (Hermes Einzelschr. 45)

–: Vergil und die Helenaszene. Mit einem Exkurs zu den Halbversen. Heidelberg 1992

–: Vergil und Homer. Ein Beitrag zur Entmythisierung des Verhältnisses. In: Gymn. 100, 1993, S. 342–369

Binder, G.: Aitiologische Erzählung und augusteisches Programm in Vergils ‹Aeneis›. In: Saeculum Augustum II, S. 255–287

–: Aeneas und Augustus. Interpretationen zum 8. Buch der Aeneis. Königstein 1971 (Beitr. zur Klass. Phil. 38)

Blaensdorf, J.: ‹Unepische› Szenenfolgen in der Aeneis. In: WJb. ND 8, 1962, S. 83–104

Boas, H.: Aeneas’ arrival in Latium. Diss. Amsterdam 1938

Bowra, C. M.: Virgil and the ideal of Rome. In: From Virgil to Milton. London 1948, S. 33–85

Buchheit, V.: Vergil über die Sendung Roms. Untersuchungen zum Bellum Poenicum und zur Aeneis. Heidelberg 1963 (Beiheft Gymn. 3)

Büchner, K.: Vergils Aeneis (zu XII 31 ff). In: AU 2, 1959, S. 28–45

Burck, E.: Vom Menschenbild in der römischen Literatur I, hg. von E. Lefèvre. Heidelberg 1966

–: Vergils ‹Aeneis›. In: Das römische Epos. Darmstadt 1979, S. 51–119

Cairns, F.: Virgil’s Augustan Epic. Cambridge 1989

Camps, W. A.: An introduction to Vergil’s Aeneis. Oxford 1969

Cancik, H.: Der Eingang in die Unterwelt. In: AU XXIII 2, 1980, S. 55–69

Clark, R. J.: Catabasis. Vergil and the wisdom tradition. Amsterdam 1979

Coleman, R.: The gods in the Aeneid. In: Greece and Rome XXIX 1982, S. 143–168

Commager, S. (Hg.): Virgil. A collection of critical essays. Englewood Cliffs (N. J.) 1966

Cruttwell, R. W.: Vergil’s mind at work. An analysis of the symbolism of the Aeneid. Oxford 1946

Drew, D. L.: The allegory of the Aeneid. Oxford 1927

DI CESARE, M. A.: The altar and the city. A reading of Virgil's Aeneid. New York – London 1974

DUHN, M. VON: Die Gleichnisse in den ersten sechs Büchern von Virgils Aeneis. Diss. Hamburg 1952

ERDMANN, M.: Überredende Reden in Vergils Aeneis. Frankfurt a. M. u. a. 2000 (Studien zur Klass. Phil. 120)

FAUTH, W.: Funktion und Erscheinung niederer Gottheiten in Vergils Aeneis. In: Gymn. 78, 1971, S. 54–75

FOWLER, W. W.: Aeneas at the site of Rome. Oxford 1918

–: The death of Turnus. Observations on the twelfth book of the Aeneid. Oxford 1919. ND 1927

FREUND, S. / VIELBERG, M. (Hg.): Vergil und das antike Epos. Festschrift H. J. Tschiedel. Stuttgart 2008

GLEI, R.: Von Probus zu Pöschl: Vergilinterpretationen im Wandel. In: Gymn. 97, 1990, S. 321–340

GLÜCKLICH, H. J.: Leidenschaft, Vernunft und der Sinn des Lebens – Vergils Aeneis als Schullektüre. In: Gymn. 91, 1984, S. 40–60

–: Interpretationen und Unterrichtsvorschläge zu Vergils ‹Aeneis›. Göttingen 1984 (Consilia H. 6)

GÖRLER, W.: Aeneas' Ankunft in Latium. In: WJb. NF 2, 1976, S. 165–179

GÖTZ, P.: Römisches bei Cicero und Vergil. Untersuchung von römischen Zügen und Bezügen in Ciceros de republica und Vergils Aeneis. Diss. Freiburg 1966

GRANSDEN, K. W.: Virgil's Iliad. An essay on epic narrative. Cambridge 1984

–: Virgil. The Aeneid. Cambridge 1990

GRASSMANN-FISCHER, B.: Die Prodigien in Vergils Aeneis. München 1966 (Studia et Testimonia antiqua 3)

GRIMAL, P.: Aeneas in Rom und der Triumph des Octavian. In: G. BINDER (Hg.), Saeculum Augustum II, S. 240–254

HALTER, T.: Vergils Aeneis-Prooemium. Eine Deutung. In: WS 77, 1964. S. 76–110

HARDIE, PH. R.: Virgil's Aeneid. Cosmos and Imperium. Oxford 1986

HARRISON, E. L.: The structure of the Aeneid. Observations on the links between the books. In: ANRW II 31.1, S. 359–393

HÄUSSLER, R.: Das historische Epos der Griechen und Römer bis Vergil. Heidelberg 1976

HEILMANN, W.: Aeneas und Euander im achten Buch der Aeneis. In: Gymn. 78, 1971, S. 76–89

HEINZE, R.: Virgils epische Technik. Berlin 1902. ND Darmstadt 1957, [8]1989

HENRY, E.: The vigour of prophecy. A study of Virgil's Aeneid. Bristol 1989

HIGHET, G.: The speeches in Vergil's Aeneid. Princeton 1972

HÜGI, M.: Vergils Aeneis und die hellenistische Dichtung. Bern 1952 (Noctes Romanae 4)

HUNT, J. W.: Forms of glory. Structure and sense in Virgil's Aeneid. London – Amsterdam 1973

JÄKEL, W.: Aeneis-Interpretationen (I 1–33; VI 752–886). In: AU 5, 1953, S. 5–25

JOHNSON, W. R.: Darkness visible. A study of Vergil's Aeneid. Berkeley – Los Angeles – London 1976

KNAUER, G. N.: Die Aeneis und Homer. Studien zur poetischen Technik Vergils mit Listen der Homerzitate in der Aeneis. Göttingen 1964 (Hypomnemata 7)

KNIGHT, W. F. J.: Cumaean gates. A reference of the sixth Aeneid to the initiation patterns. Oxford 1936 (= Vergil, Epic and Anthropology. London 1967, S. 137–287)

KNOX, B. M. W.: The serpent and the flame: The imagery of the second book of the Aeneis. In: SB S. COMMAGER, Virgil, S. 124–142

KOCH, K.-D.: Die Aeneis als Opernsujet. Dramaturgische Wandlungen vom Frühbarock bis zu Berlioz. Konstanz 1990 (Xenia 28)

KOFLER, W.: Aeneas und Vergil. Untersuchungen zur poetologischen Dimension der Aeneis. Heidelberg 2002 [vgl. dazu die Rezension von M. Lobe in: Gymn. 112, 2005, S. 400–402]

KRAGERRUD, E.: Aeneisstudien. Oslo 1968 (Symbolae Osloenses Suppl. 22)

KÜHN, W.: Götterszenen bei Vergil. Heidelberg 1971 (Diss. Freiburg 1959)

LAMACCHIA, R.: Ciceros Somnium Scipionis und das sechste Buch der Aeneis. In: RhM 107, 1964, S. 261–278

LEFÈVRE, E.: Aeneas' Antwort an Dido. In: WS NF 8, 1974, S. 99–115

–: Aeneas' Antwort an Venus. In: WS NF 12, 91, 1978, S. 97–110

LIEBING, H.: Die Aeneisgestalt bei Vergil. Diss. Kiel 1953

LORETTO, F.: Aeneas zwischen Liebe und Pflicht. In: AU XIII/5 1970, S. 27–40

MACKAIL, J. W.: The Aeneid of Vergil. Oxford 1930

MAURACH, G.: Der vergilische und der vatikanische Laokoon. In: Gymn. 99, 1992, S. 227–247

MONTI, R. C.: The Dido episode and the Aeneis. Roman social and political values in the epic. Leiden 1981

NORDEN, E.: Ennius und Vergilius. Leipzig – Berlin 1915

–: Vergils Aeneis im Licht ihrer Zeit (1901). In: Kleine Schriften, hg. von B. KYTZLER. Berlin 1966, S. 358–421

OHARA, J. J.: Death and the optimistic prophecy in Vergil's Aeneid. Princeton 1990

PARRY, A.: The two voices of Virgil's Aeneid. In: SB S. COMMAGER, S. 107–123

PÖSCHL, V.: Die Dichtkunst Virgils. Bild und Symbol in der Aeneis. Berlin – New York ³1977

–: Das Befremdende in der Aeneis. In: 2000 Jahre Vergil, S. 175–188

POTZ, E.: Pius furor und der Tod des Turnus. In: Gymn. 99, 1992, S. 248–262

PRIMMER, A.: Zu Thema und Erzählstruktur der Aeneis. In: WS NF 14, 93, S. 83–101

PUTNAM, M. C. J.: The poetry of the Aeneid. Four studies in imaginative unity and design. Cambridge (Mass.) 1965, Ithaca (USA) – London 1988

QUINN, K.: Virgil's Aeneid. A critical description. London 1968, Exeter 2005

QUITER, R. J.: Aeneas und die Sibylle. Die rituellen Motive im sechsten Buch der Aeneis. Königstein 1984 (Beiträge zur Klass. Phil. 162)

RAABE, H.: Plurima mortis imago. Vergleichende Interpretationen zur Bildersprache Vergils. München 1974 (Zetemata 59)

RENGER, C.: Aeneas und Turnus. Analyse einer Feindschaft. Frankfurt a. M. 1985 (Studien zur Klass. Phil. 11)

RIEKS, R.: Die Gleichnisse Vergils. In: ANRW II 31.2, 1981, S. 1011–1110

–: Affekt und Struktur in Vergils Aeneis. In: SV 144–170

–: Affekte und Strukturen. Pathos als ein Form- und Wirkprinzip von Vergils Aeneis. München 1989 (Zetemata 86)

SCHAUER, M.: Aeneas dux in Vergils Aeneis. Eine literarische Fiktion in augusteischer Zeit. München 2007 (Zetemata 128)

SCHENK, P.: Die Gestalt des Turnus in Vergils Aeneis. Königstein 1984 (Beiträge zur Klass. Phil. 164)

SCHMITZER, U.: Turnus und die Danaiden. Mythologische Verstrickung und personale Verantwortung. In: Grazer Beiträge 20, 1994, S. 109–126

STAHL, H.-P.: Aeneas – An ‹unheroic› hero? In: Arethusa 14, 1981, S. 157–177

–: The death of Turnus: Augustan Vergil and the political rival. In: K. A. RAAF-LAUB / M. TOHER (Hg.): Between Republic and Empire. Interpretations of Augustus and his Principate. Berkeley – Los Angeles – Oxford 1990, S. 174–211

STAHL, H.-P. (Hg.): Vergil's Aeneid. Augustan Epic and political context. London 1998

SUERBAUM, W.: Aeneas zwischen Troja und Rom. Zur Funktion der Genealogie und der Ethnographie in Vergils Aeneis. In: Poetica 1, 1967, S. 176–204

–: Vergils Aeneis. Beiträge zu ihrer Rezeption in Gegenwart und Geschichte. Bamberg 1981 (Auxilia 3)

–: Gedanken zur modernen Aeneisforschung. In: AU 24/5, 1981, S. 67–103

–: Vergil nineteen eighty four – Anstöße zur ‹Aeneis›-Interpretation. In: Lateinische Literatur, heute wirkend, hg. von H.-J. GLÜCKLICH, Bd. I, S. 81–109. Göttingen 1987

–: Vergils Aeneis. Epos zwischen Geschichte und Gegenwart. Stuttgart 1999

THOME, G.: Gestalt und Funktion des Mezentius bei Vergil mit einem Ausblick auf die Schlußszene der Aeneis. Europ. Hochschulschriften XV / 14, Frankfurt a. M. u. a. 1979

THORNTON, A.: The living universe. Gods and men in Virgil's Aeneid. Leiden 1976 (Mnemosyne Suppl. 46)

TRÜMPNER, H.: Die Eschatologie bei Vergil im Unterricht. In: AU 4/2, 1959, S. 46–68

VIELBERG, M.: Zur Schuldfrage in Vergils Aeneis. In: Gymn. 101, 1994, S. 408–428

VÖGLER, G.: Gleichnisse und Bilder in der Dido-Episode von Vergils Aeneis. In: AU 24/5, 1981, S. 48–66

WILLIAMS, G.: Technique and ideas in the Aeneid. New Haven (USA) – London 1983

WILLIAMS, G.: The Aeneis. London 1987

WIMMEL, W.: Zur Frage von Vergils dichterischer Technik in der Aeneismitte. Der Beginn der Feindseligkeiten in Latium. Marburg 1969

–: ‹Hirtenkrieg› und arkadisches Rom. Reduktionsmedien in Vergils Aeneis. München 1973

WLOSOK, A.: Die Göttin Venus in Vergils Aeneis. Heidelberg 1967

–: Vergils Didotragödie. Ein Beitrag zum Problem des Tragischen in der Aeneis. In: H. GÖRGEMANNS / E. A. SCHMIDT (Hg.): Studien zum antiken Epos. Meisenheim 1976, S. 228–250 (Beiträge zur Klass. Phil. 72)

–: Der Held als Ärgernis. Vergils Aeneas. In: WJb. NF 8, 1982, S. 9–21

–: Vergil als Theologe. Juppiter – pater omnipotens. In: SV Vergil, S. 187–202

WORSTBROCK, F. J.: Elemente einer Poetik der Aeneis. Untersuchungen zum Gattungsstil vergilianischer Epik. Münster 1963 (Orbis antiquus 21)

ZEIDLER, J.: Die Schicksalsauffassung Vergils und ihre Beziehungen zur Stoa. Diss. Berlin 1954

11. Zum Nachleben Vergils

BINDER, G. (Hg.): Dido und Aeneas. Vergils Dido-Drama und Aspekte seiner Rezeption. Trier 2000 (mit weiterführenden Literaturhinweisen)

BURKARD, T.: Vestigia Vergiliana. Vergil-Rezeption in der Neuzeit. Berlin 2010

COMPARETTI, D.: Virgilio nel Medio Evo. Florenz 1872, ²1896. ND 1981 (dt. von H. Dütschke: Vergil im Mittelalter. Leipzig 1875)

DÖPP, S.: Vergilrezeption in der ovidischen ‹Aeneis›. In: Rheinisches Museum 134, 1991, S. 327–346

DRAHEIM, J.: Vergil in der Musik. In: 2000 Jahre Vergil, S. 197–222

FREUND, S.: Vergil im frühen Christentum. Untersuchungen zu den Vergilzitaten bei Tertullian [u. a.]. Paderborn 2000

HEISS, H.: Virgils Fortleben in den romanischen Literaturen (1931). In: WzV, S. 301–319

ROTH, K. L.: Über den Zauberer Virgilius. In: Germania, Vierteljahresschrift f. d. dt. Altertumskunde 4, 1859, S. 257–298

SUERBAUM, W.: Von der Vita Vergiliana über die Accessus Vergiliani zum Zauberer Virgilius. In: ANRW II 31.2, 1981, S. 1229–1253 (mit Lit.)

–: Die Sichtbarkeit des Autors in seinem Werk: Vergil in Buchillustrationen zur Aeneis. In: Gymn. 116, 2009, S. 413–458

THOMAS, R. F.: Virgil and the Augustan reception. Cambridge 2001

WILLIAMS, R. D. / PATTIE, T. S.: Virgil. His poetry through the ages. London 1982

Zur Mythenrezeption siehe auch Der Neue Pauly, Supplemente Bd. 5

Namenregister

Die kursiv gesetzten Zahlen bezeichnen die Abbildungen

Über die Autorin

Marion Giebel, Studium der Klassischen Philologie und Germanistik, Promotion über die Odyssee (Marion Müller). Verlagslektorin, dann freie Autorin. Zahlreiche Ausgaben griechischer und römischer Autoren, meist zweisprachig, u. a. die «Römische Geschichte» des Velleius Paterculus. Bei rowohlts monographien die Bände über Cicero, Augustus, Ovid, Seneca, Sappho. Sachbücher mit kulturgeschichtlicher Thematik: «Das Geheimnis der Mysterien», «Das Orakel von Delphi», «Träume in der Antike», «Kaiser Julian Apostata. Die Wiederkehr der alten Götter», «Reisen in der Antike», «Tiere in der Antike», «Rosen und Reben. Gärten in der Antike». Beiträge in wissenschaftlichen Sammelwerken, Rundfunksendungen sowie Volkshochschultätigkeit. Lebt bei München.

Quellennachweis der Abbildungen

Alinari-Anderson / Robert Berger: 26, 36, 47, 55, 80, 96, 104, 126
Badische Landesbibliothek Karlsruhe: 124
Bayerische Staatsbibliothek München: 35, 42, 62, 82, 112
Margrit Breidenbach: 103
Deutsches Archäologisches Institut Rom: 6, 17, 22, 48
Inga Eggelsmann: 58, 118
Mara Eggert: 86
Forschungszentrum Griechisch-Römisches Ägypten der Universität Trier, Fotos Dieter Johannes: 44 (Neg. DAI Kairo L 10105), 70 (Neg. DAI Kairo F 8071/72)
Gregor Giebel: 20
Gunter Giebel: 8, 9, 12, 18, 21, 39, 57, 73, 74
Glasmalerei Oidtmann: 117
Hirmer Verlag München: 16, 31, 32, 33, 40, 53, 68, 72, 84, 105, 108
Christa Koppermann: 76, 78
Angelika Mugler: 28, 29, 66, 92, 93, 94, 100, 119, 120, 121
Rheinisches Landesmuseum Trier: 11, 13, 64
Helga Ruppert-Tribian: 130
Helga Schmidt-Glassner: 50
Staatliche Kunstsammlungen Kassel, Schloß Wilhelmshöhe: 88
Westfälisches Landesmuseum für Kunst und Kulturgeschichte Münster: 52
ZDF Bildredaktion: 89, 110